크리에이티브 점프

CREATIVE JUMP Sekai wo 3-miri omoshiroku suru shigoto-jutsu
by RYUZAKI Shoko
Copyright © 2024 RYUZAKI Shoko
All rights reserved.
Original Japanese edition published by Bungeishunju Ltd., in 2024.
Korean translation rights in Korea reserved by Book-stone
Publishing, under the license granted by RYUZAKI Shoko, Japan
arranged with Bungeishunju Ltd., Japan through The English
Agency (Japan) Ltd., Japan and Danny Hong Agency, Korea.

크리에이티브 점프

'다움'을 설계하는 법

류자키 쇼코 지음

김영주 옮김

북스톤

'다움'으로 유일함을 만드는 법

비즈니스의 무대 뒤에는 언제나 수많은 문제가 넘쳐납니다.

- 분명 좋은 제품을 만들었는데 시장에서 전혀 반응이 없다.
- 기획은 거의 완성 단계인데 사람들을 사로잡을 '한 끗'이 여전히 아쉽다.
- 문제가 뭔지는 알겠는데 돌파할 아이디어가 떠오르지 않는다.
- 열과 성을 다해 사업에 임하는데도 생각만큼 잘 풀리지 않는다.
- 가격을 내릴까? 서비스를 더 늘려볼까? 영업을 더 열심히 해야 하나? 광고를 늘려볼까? 과연 이것이 해결책이 될까?

저 또한 열아홉의 나이에 창업해 일본 각지에서 호텔을 경영하면서 몇 번이나 이런 문제들을 마주하며 고민했습니다. 사업을 운영하는 경영자, 창업을 꿈꾸는 청년 등 저와 비슷한 고민을 하는 사람도 많이 보았습니다.

일하다 보면 벽이 눈앞을 가로막는 듯한 괴로운 상황에 직면하곤 합니다. 그런데 어떤 때는 그 벽을 마법처럼 아무렇지 않게 뛰어넘기도 하죠. '마법'이라 표현했지만 사실 이는 마법도, 기적도, 우연도 아닙니다. 어떤 사고회로만 장착하면 누구나 성공할 수 있는, 재현 가능성이 높은 방법입니다.

눈앞의 어려운 문제를 돌파하는 놀라운 힘의 정체, 그것은 바로 비연속적 사고가 만들어내는 창의적인 도약, '크리에이티브 점프'입니다.

순서를 정해놓고 따라가면서 논리적이고 효율적으로 생각하는 '연속적 사고'로는 하나의 답이 도출될 가능성이 높고, 실제로 시장에서 많은 사람이 같은(또는 비슷한) 방법을 적용하곤 합니다. 다들 비슷비슷한 전략을 들고 나오니 결국 가격 경쟁이 벌어지고, 벽에 부딪히기도 합니다. 논리적 사고의 한계입니다.

방식을 바꿔보면 어떨까요? 비약처럼 보이는 아이디어나 방법으로 문제를 더욱 훌륭하게 해결할 수 있습니다. 대안적 방법으로 눈앞을 가로막은 높은 벽에 새로운 바람을 불어넣는 힘, 그것이 바로 크리에이티브 점프입니다.

저는 일본인 최초로 '호텔 프로듀서'라는 직함을 내걸고, 일본 각지에서 호텔을 경영하고 있습니다. 숙박 공간의 가능성과 새로운 서비스를 제안하면서 호텔 개념을 확장하는 게 제 일입니다. 아직 부족한 점이 많지만, 호텔 개발과 운영뿐 아니라 기업 브랜딩 및 마케팅 지원, 숙박 사업자를 대상으로 하는 IT 서비스(호텔 예약 플랫폼) 개발과 운영 등 호텔과 크리에이티브, 기술의 영역을 가로지르며 전개하는 기업으로 나만의 입지를 쌓아왔다고 자부합니다. 지금은 호텔업계라는 틀에서 벗어나 지역 활성화 프로젝트부터 산후조리 서비스까지 사회적 성격을 띤 다양한 사업에도 힘쓰고 있습니다.

제가 대학생 신분으로 창업했을 때는 홋카이도 후라노에서 객실 13개짜리 펜션을 경영하는 수준이었습니다. 호텔업은커녕 비즈니스 경험조차 없었고, 은행 대출로 조달한 소소한 자금이 전부였습니다. 말 그대로 연줄도, 노하우도 없이 맨몸으로 호텔 경영에 뛰어든 것이죠.

숙박업계는 고액의 초기 자본이 필요해 진입 장벽이 높고, 이익률은 낮습니다. 게다가 유행이나 외부 환경(계절이나 재해)의 영향을 많이 받고, 경쟁자가 모방하기에도 쉽죠. 숙박업계는 끊임없이 새로운 부가가치를 고안하지 않으면 살아남기 어려운 냉엄한 세계입니다.

그런 환경에서 저희 회사 스이세이水星가 젊은 세대를 중심으로 퍼져나간 '호텔 순례'라는 문화 현상의 도화선이 되어 코로나19를 극복하고, 9년 만에 연매출 9억 엔 규모의 기업으로 성장할 수 있었던 건 단언컨대 크리에이티브 점프의 힘 덕분입니다. 우리는 무언가를 도전할 때마다 가로막는 벽을 뛰어넘고 또 뛰어넘었습니다.

'크리에이티브'라는 단어를 들으면 광고회사나 마케팅 전문가의 일이라고 생각하는 분들도 있을 것입니다. 직감이나 감성처럼 한번 번뜩이는 우뇌형 기술이라고 생각하는 분들도 있을 테고요. 하지만 그렇지 않습니다.

저는 누구보다도 크든 작든 자신의 사업을 운영하는 사장님들이 이 책을 읽어보았으면 좋겠습니다. 평소 크리에이티브나 디자인과 썩 친숙하지는 않은 업계에서 눈앞의 문제를 마주하며 매일 고민하는 분들께 이 책을 전하고 싶습니다. 크리에이티브 점프란 눈앞의 역경에 굴하지 않고 일을 가로막는 벽을 단번에 뛰어넘기 위한 날개이며, '가지지 못한 자'들이 한정된 패로 게임의 판을 바꿀 수 있는 무기이기 때문입니다. 또한 사업을 가속화해 생각지도 못한 미지의 풍경으로 우리를 이끌어주는 힘이기 때문입니다.

이 책은 크리에이티브 점프의 핵심이 천재의 머릿속 블랙박스 안에서 이루어지는 직감이 아니라는 점, 범접할 수 없는 전문가들만이 소유한 비밀이 아니라는 점, 요소와 과정을 말로 설명할 수 있고 훈련을 통해 누구나 실천할 수 있는 사고

기술이라는 점을 이야기하고자 합니다.

본문은 8장으로 구성되어 있습니다. 1장에서는 크리에이티브 점프에 대한 전체적인 그림과 저를 창업으로 이끈 원체험에 대해, 2장부터 6장까지는 저의 사업 스토리와 다른 회사의 사례 등을 살펴보면서 크리에이티브 점프의 5가지 요소에 대해 구체적으로 다루도록 하겠습니다.

7장과 8장은 책 앞부분을 종합하는 내용입니다. 사고를 숙성시켜 오감과 시간처럼 눈에 보이지 않는 감각적인 요소를 크리에이티브에 추가하는 방법과, 나다움을 통해 세상을 좀 더 재미있게 만드는 새로운 사업의 창출법을 알려드리겠습니다.

그럼 지금부터 크리에이티브 점프가 보여주는 벽 너머의 풍경을 직접 눈으로 확인하는 여정을 떠나볼까요?

차 례

5   시작하며 | '다움'으로 유일함을 만드는 법

1장 ── 크리에이티브 점프란 무엇인가
나답게 문제를 해결하는 힘, 크리에이티브 점프

18   나무 지팡이와 홑옷으로 여정을 시작하자
20   크리에이티브의 원동력은 동경이 아닌 위화감
23   내 안의 갈증과 꿈이 '다움'의 원천
30   남들의 공식대로 생각하지는 않는가?
35   크리에이티브 점프란 문제 해결이다
39   크리에이티브 점프의 5가지 요소
48   '가지지 못한 자'의 무기
50   Shoko's Note | 창업의 리스크 헤지

2장 ── 본질을 발굴한다
자산 재정의로 가치를 창조한다

54   사업의 본질을 발굴한다
58   자산을 재정의하는 4가지 접근법
66   호텔의 자산은 긍정적 의외성

71   '어떻게 팔 것인가'에 앞서 '무엇을 팔 것인가'

78   일부러 찾아오는 호텔을 지향한다

84   미디어로서의 호텔

3장 ── **분위기를 언어화한다**
사회 분위기와 지역의 정서를 파악한다

94   분위기의 언어화란

97   시대 분위기를 파악하는 3가지 방법

105   지역 정서를 언어화한다

109   지역의 역사를 파고든다: 오사카 벤텐초의 매력

113   비슷한 장르의 다른 지역과 비교한다

118   지명과 풍경에서 연상한다

122   '땅끝에 자리한 여행의 오아시스'가 탄생하기까지

128   지역민의 자긍심을 높여주는 지역 브랜딩

132   Shoko's Note | 분위기를 언어화할 때 주의할 점

4장 ── **인사이트를 파고든다**
고객 심리의 본질을 파악한다

136   나도 모르게 사고 싶어지게 하려면

138   소비자가 가진 욕구의 스위치, 인사이트

146   인사이트를 찾아내는 3단계 생각법

150 온천 료칸에는 누가 왜 오는가

156 인사이트 특정이 만들어낸 '졸업 논문 집필 패키지'

160 '자신의 무의식'을 언어화하자

164 Shoko's Note | 인사이트 발굴을 위한 SNS 활용법

5장 ── 이질적인 대상과 결합한다
상식을 배반하는 아이디어 발상법

168 인사이트를 아이디어로 만드는 '프로포지션'

172 문제 해결 아이디어는 상수와 변수의 결합

182 변수가 다양할수록 지평이 넓어진다

186 가치를 재정의해 다양한 시장에 접근한다

193 강력한 아이디어는 상식을 배반하는 조합에서 나온다

6장 ── 추천 포인트를 디자인한다
입소문 타는 이야기를 만들어내는 방법

198 '어떻게 발신할지'에서 '어떻게 발신하게 만들지'로

200 실제 가치에서 사회관계자본 가치의 시대로

203 혁신확산이론과 인간 심리

210 당신이 할 일은 '추천 포인트 디자인'

214 마인드셰어를 높이는 콘텐츠의 방정식

221 메시지가 퍼져나가는 구조 만들기

229 Shoko's Note | 웹 발신을 위한 간단 체크 매뉴얼

7장 ── 보이지 않는 감각을 담아낸다
오감, 시간, 세계관 연출법

234 크리에이티브 점프의 여정

237 사고를 '발효'시킨다

243 역사를 향기로 풀어낸 스몰 럭셔리 호텔 '고린쿄'

253 비주얼로 이미지를 발효시킨다

257 도원향의 세계관을 담다

262 보이지 않는 실로 공간과 시간을 짓는다

8장 ── 자기다움이 모여 만드는 세상
세상을 3mm 더 재미있게

268 선택이 정체성을 만든다

271 가장 개인적인 것이 가장 창의적이다

278 미래의 자신을 구할 수 있는 것은 현재의 자신뿐이다

284 '의문'을 검증하는 4가지 관점

287 유토피아는 사람의 손으로 만든다

300 마치며 | 인생의 메마른 여정에 물을 주자

'다움'을 설계하는 과정

개인이든 기업이든, 세상에 존재감을 남기는 이들의 공통점은 자기다움을 만들고 지켜간다는 것입니다. 누구에게나 있는 나만의 '다움', 이것을 어떻게 일과 사업으로 발전시킬 수 있을까요?

이 책에서는 '크리에이티브 점프'라는 방법론을 제시합니다. '크리에이티브 점프'는 독창적인 발상뿐 아니라 그것을 구현하는 실현 방안을 설계하는 기술이자, 막막한 상황에서 숨구멍을 뚫어주는 문제 해결의 돌파구입니다. '본질 발굴', '분위기의 언어화', '인사이트 파고들기', '이질적인 대상과의 결합', '추천 포인트 디자인'이라는 5가지 요소로 구성됩니다.

1
본질을 발굴한다

내가 가진 것은 무엇인가?

How to · 근본인수분해법

· 수수께끼 문답

· 고객 관찰

· 시티 헌팅

2
분위기를 언어화한다

세상은 어디로 흘러가는가?
이 지역의 특징은 무엇인가?

How to · 비교하고 상대화한다

· 상징 키워드를 파악한다

· 시대 변화를 바탕으로 해석한다

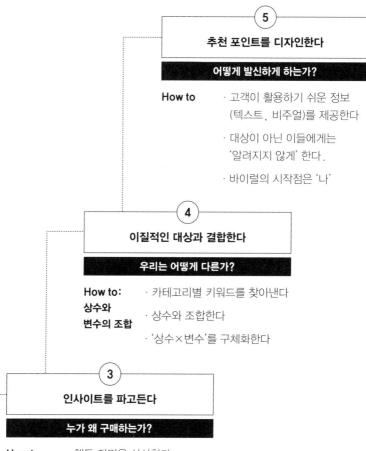

⑤

추천 포인트를 디자인한다

어떻게 발신하게 하는가?

How to
· 고객이 활용하기 쉬운 정보
(텍스트, 비주얼)를 제공한다

· 대상이 아닌 이들에게는
'알려지지 않게' 한다.

· 바이럴의 시작점은 '나'

④

이질적인 대상과 결합한다

우리는 어떻게 다른가?

How to:
상수와
변수의 조합
· 카테고리별 키워드를 찾아낸다

· 상수와 조합한다

· '상수×변수'를 구체화한다

③

인사이트를 파고든다

누가 왜 구매하는가?

How to
· 행동 장면을 상상한다

· 행동의 배경을 언어화한다

· '왜?'라고 되묻는다

크리에이티브 점프란

무엇인가

나답게 문제를

해결하는 힘,

크리에이티브 점프

나무 지팡이와 홑옷으로 여정을 시작하자

내 회사를 만들고 싶다.
새로운 사업에 도전해보고 싶다.
일을 통해 세상에 내가 살아가는 의미를 남기고 싶다.

기대와 이상은 점점 부풀어 오르는데 두 손엔 아무것도 없고, 발밑은 흐릿해 잘 보이지 않습니다. 한 걸음 내딛으려 해도 다리는 꿈속에 있는 것처럼 무겁고, 다시 발을 들어 걸어가려 해도 어디가 앞이고 어디가 뒤인지 모호하기만 합니다. 짙은 안개가 주위를 뒤덮어 시야도 좋지 않은데, 멀리서 누군가가 스포트라이트를 받으며 웃고 있는 모습만 유난히 선명합니다….

그동안 이런 딜레마에 빠진 사람들의 이야기를 많이 들었습니다. 창업을 준비하는 사람, 기존 사업이 아닌 새 영역에 도전하고 싶은 사람, 예전에는 잘되던 일이 갑자기 벽에 부딪혀 좀처럼 돌파구를 찾지 못하는 사람들의 이야기 말입니다.

새로운 비즈니스를 발전시키려면 자금과 시간, 일손, 노하우가 필요합니다. 이것들을 어떻게 조달하고 어떻게 활용할지 막막할 때 불안하고 초조한 마음으로 막다른 골목을 헤매게 됩니다.

저도 예외가 아니었습니다. '돈(또는 시간, 일손, 노하우)이 없다', '그래서 할 수 없다', '해도 소용이 없다' 같은 핑계를 늘어놓으며 한 자리에 멈춰 있던 시기도 있었습니다. 하지만 지금은 처음부터 최강의 검과 방패, 갑주를 갖추고 게임을 시작하는 플레이어는 없다는 사실을 잘 알고 있습니다.

누구나 처음에는 나무 지팡이와 홑옷으로 시작합니다. 그런 상태로 힘껏 대지를 디디고 약한 적부터 공략하면서 경험치와 장비를 획득하죠. 처음부터 강한 장비를 갖추었다 해도 기술이 없으면 제대로 사용할 수 없습니다. 플레이어는 나무 지팡이에서 나무 검으로 그리고 여행자의 검으로 조금씩 장비를 강화하면서 공격력 높은 아이템을 차례차례 손에 넣습니다.

이러한 전개는 사업에서도 마찬가지입니다. 현재 주식시장을 쥐락펴락하는 대기업도, 모르는 사람이 없는 친숙한 브랜드도, 미디어의 주목을 받는 CEO도 처음에는 맨주먹으로 시작했습니다. 예컨대 닌텐도는 수십 년 전까지만 해도 화투나 카드 게임을 파는 회사였고, 페이스북(지금의 '메타')은 하버드 대학 내부의 학생 랭킹 사이트에서 출발했습니다. 일본 인터넷 기업 ZOZO는 레코드 통신 판매로 사업을 시작해 현재 규모로 성장했습니다.

모두가 처음부터 많은 걸 가지고 있었던 것이 아닙니다.

손에 쥔 한정된 자원으로 가치를 만들어 눈앞을 가로막은 벽을 부수며 발전을 거듭한 것입니다. 자신이 가진 요소를 조합해 본래의 잠재력을 뛰어넘는 힘을 만들어내는 것, 그것이야말로 크리에이티브 점프의 본질입니다.

크리에이티브의 원동력은 동경이 아닌 위화감

창업이나 신규 사업처럼 비즈니스를 새로 시작할 때는 신체적으로도, 정신적으로도 큰 에너지가 필요합니다. 많은 사람이 그 원동력을 '동경'이라 생각하더군요. 정말 그럴까요?

'동경은 이해에서 가장 멀리 떨어진 감정이다'라는 말이 있습니다. 이 말처럼, 동경이나 꿈은 목표 또는 상대방을 이해하기보단 멋대로 이상화하는 행위입니다. 실체에 가까워지면서 이상이 조금만 흔들려도 '이게 아닌데'라고 목표 지점이 사라져 버리기 십상입니다. 저에게 '동경'은 외부에 동기부여를 의탁하는 위험한 행위로 느껴집니다.

저는 "호텔을 좋아해서 호텔 경영을 시작했나요?"라는 질문을 자주 받습니다. 오히려 반대에 가깝습니다. 호텔을 좋아하지 않아서 호텔 경영에 뜻을 두었다고 할 수 있으니까요. 저는 기존 호텔에 계속 '위화감'을 느끼고 있었습니다.

위화감의 정체는 2가지 요소로 이루어져 있습니다. 충족되지 않는 '갈증'과 이랬으면 좋겠다고 바라는 '꿈'이 바로 그것이죠. 저는 이것이야말로 업을 사명으로 만드는 원동력이라고 믿습니다.

창업을 고려하는 분들 중에 "지금 우리 사회에는 해결할 문제가 딱히 안 보인다(그래서 사업 아이템을 찾을 수 없다)"라고 말하는 사람도 있습니다. 물질적으로 풍요한 현대 사회에서는 당장 생명의 위기로 직결되는 '아픔'이나 '굶주림'은 적을지 모릅니다. 하지만 가능하다면 해소하고 싶은 막연한 결핍인 '갈증'은 어느 사회에나 존재합니다. 갈증은 긴급성이 낮아 대부분 그 존재를 알아차리지 못합니다. '이렇지 뭐', '어차피 아무것도 변하지 않아'라고 받아들이며 살아가는 경우가 많습니다.

아직 아무도 눈치채지 못했거나 문제 삼지 않는데 유독 나만 느끼는 갈증이 있다면, 그것은 오직 나 자신밖에 해소할 수 없는 고유한 과제입니다. 그런 갈증을 마주하고 '이렇게 되면 좋을 텐데'라는 '꿈'이 생겼을 때 비로소 위화감에서 도전해야 할 사명이 탄생합니다.

반드시 거창할 필요는 없습니다. 사소한 것이라도 좋습니다. 지난날을 돌이켜보며 무엇에 강한 갈증을 느꼈는지, 어떻게 그것을 해소하고 싶다는 꿈을 가졌는지 찾아낸다면, 언젠

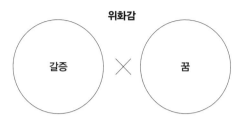

[비즈니스의 원동력은 갈증과 꿈 사이의 '위화감']

가 그것이 강한 동기부여가 되고 나아가 현실을 바꾸는 행동력이 된다는 점을 기억하기 바랍니다.

아직 그런 경험을 하지 못했다 해도 걱정할 필요 없습니다. 앞으로 살면서 만나면 됩니다. '크리에이티브 점프란 무엇인가'를 설명하기에 앞서, 여러분의 이해를 돕기 위해 저의 원체험과 창업 초기의 이야기를 조금 들려드리겠습니다. 제가 호텔 경영을 해야겠다고 마음먹은 그때로 거슬러 올라가 볼까요?

내 안의 갈증과 꿈이 '다움'의 원천

저는 도쿄의 서쪽 외곽 지역에서 태어나 자랐습니다. 그러다 여덟 살 무렵에 연구직에 종사하던 부모님의 일 때문에 온 가족이 반년 정도 미국 피츠버그에서 살게 되었습니다. 우리 가족은 일본으로 돌아가기 전에 추억을 쌓고자 한 달간 미국 횡단 드라이브를 하기로 했습니다. 그것이 발단이었습니다. 저는 동해안에서 출발해 66번 국도를 거쳐 서해안의 샌프란시스코로 빠져나가는 '미대륙 횡단'을 그리며 한껏 기대에 부풀어 있었습니다. 실제로 차에 올라타기 전까지 말이죠.

미국에 가본 적 있는 사람은 잘 알겠지만, 땅이 엄청나게 넓습니다. 한 번 차에 올라타면 10시간 넘도록 차에서 내리지 못하는 일이 많죠. 아버지는 운전을 하고, 어머니는 지도를 보고, 저는 뒷좌석에서 뒹굴뒹굴하며 창밖으로 흘러가는 풍경을 하염없이 바라보기만 했습니다. 매일 반복되는 드라이브가 죽을 만큼 지루했습니다.

어떻게든 차에서 내리고 싶어 몸부림치던 초등학교 2학년생의 유일한 즐거움은 하루의 종착지인 호텔뿐이었습니다. '오늘 묵을 호텔은 어떤 곳일까?' 생각하면 너무나 설렜죠. 하지만 막상 호텔에 도착해 객실 문을 열어보면 어제 묵은 호텔과 똑같은, 그제 묵은 호텔과도 똑같은, 심지어 일본에서

1장_ 크리에이티브 점프란 무엇인가

묵었던 호텔과 다를 바 없는 뻔한 광경이 펼쳐졌습니다.

광대한 미국은 지역에 따라 풍기는 분위기도, 느껴지는 문화도 상당히 다릅니다. 그럼에도 남부에서도, 중서부에서도, 해안 지역에서도, 도시에서도, 교외에서도 호텔 내부는 마치 데자뷔처럼 어디서 본 듯한 모습이 계속 나타났습니다. 일말의 희망을 품고 객실 문을 열 때마다 기대는 와르르 무너져 내렸습니다. 어린 마음에 강렬한 '갈증'을 심어준 경험이었습니다.

장소마다 나름의 경치와 문화가 있는데 왜 호텔은 다 거기서 거기인 걸까요? 물론 호텔업의 역사를 생각하면 서비스 편차를 줄이고, 동일한 배치와 인테리어로 어느 곳을 방문하더라도 자기 집처럼 편히 쉴 수 있는 안심감home away from home을 추구하는 것이 이해되지 않는 건 아닙니다. 하지만 제가 원한 것은 평범한 휴식이 아니라 여행이라는 비일상성 그리고 현지 분위기를 생생하게 느낄 수 있는 연출 장치로서의 호텔이었습니다. 기대에 부풀었던 마음이 무너지는 밤이 반복되니 제가 원하는 호텔은 이 세상에 없을지도 모른다는 생각이 들기 시작했습니다.

그러나 여행 막바지에 방문한 라스베이거스는 달랐습니다. 테마호텔로 유명한 도시답게 진짜 플라밍고를 사육하는 '더 플라밍고 라스베이거스', 분수 쇼로 유명한 '벨라지오', 고대 이집트의 피라미드와 스핑크스를 본떠 만든 '룩소르 호텔 앤 카지노' 등 유일무이한 세계관을 가진 개성 있는 호텔이 곳곳에 있었습니다. 하나하나가 말로 표현할 수 없을 정도로 멋있었습니다. 내부 시설을 둘러보는 것만으로도 놀라움이 가득했습니다. 각각의 호텔마다 독자적인 세계관이 있었고, 투숙객에게 독특한 숙박 체험을 선사하기 위한 노력이 곳곳에 스며 있었습니다. 그때까지 묵었던, 개성이라고는 느껴지지 않았던 호텔이 아무 맛도 나지 않는 건빵 같았다면, 라스베이거스의 호텔들은 입안에서 톡톡 터지는 새콤달콤한 사탕 같았습니다.

물론 라스베이거스의 호텔들은 사막 한가운데에 세워진 테마파크 같은 비현실성의 공간입니다. 어린 저도 그 사실을 잘 알고 있었죠. 하지만 순수한 마음으로 '이런 호텔이 더 많으면 참 좋을 텐데'라는 생각이 들었습니다. 화려함이나 기상천외함에 매료됐다기보다 '호텔이란 곳은 이렇게 자유로운 곳이구나'라는 발견이자 감동이었습니다. 호텔은 얼마든지 서커스 무대도, 피라미드도, 동물원도 될 수 있는 곳이었습니다.

그때 저는 호텔이 가진 무한한 가능성은 아직 세상 그 누구에게도 발견되지 않았으며, 사람들이 눈길조차 주지 않는다는 사실을 깨달았습니다.

호텔 경영과의 재회

미국에서 살았던 것은 초등학교 2학년 때였습니다. 너무 어린 나이였기에 그때는 '호텔을 경영한다'라는 인생의 선택지는 머릿속에 떠오르지 않았습니다. 그러다 직업으로서 구체적으로 생각하기 시작한 것은 초등학교 5학년 무렵이었습니다. 당시 제가 즐겨 읽던 책 중에 '엉뚱한 3인조' 시리즈가 있었는데, 그중 《엉뚱한 3인조 하와이에 가다》는 제 인생을 바꾸는 전환점이 되었습니다.

이 책은 사이좋은 3인방 하치베, 하카세, 모짱이 풍선껌 이벤트에 당첨돼 아이들끼리 3박 5일 동안 하와이로 여행을 떠나면서 온갖 사건에 휘말리는 모험담입니다. 주인공들을 도와주는 사람으로 하와이에 사는 일본계 이민자 할아버지가 등장하는데, 그의 직업이 호텔 경영이었습니다.

그가 등장한 순간 '아! 내가 정말 하고 싶은 일이 이거구나'라고 직감했습니다. 그때까지는 호텔 업무라 하면 프런트맨이나 컨시어지처럼 투숙객을 직접 응대하는 직업밖에 떠올리지 못했습니다. 그러다 이 책을 통해 '호텔 경영'이라는 직업이 있다는 사실을 알게 됐죠. 그때부터 저는 '이상적인 호텔을 만들어 운영한다면 내가 느꼈던 갈증을 채울 수 있지 않을까?'라는 생각을 품게 되었습니다. 그날부터 저의 장래 희망은 호텔 경영자가 되었습니다.

하지만 호텔 경영자가 되려면 어떻게 해야 하는지는 전혀 알지 못했죠. 제 주위에는 호텔 경영자는커녕 회사 경영자도 없었습니다. 학교 도서관에서 찾아봐도 호텔 경영자라는 직업이 소개된 책은 없었고, 인터넷을 검색해도 원하는 정보가 나오지 않았습니다.

그래서 주위 어른을 붙잡고 호텔 경영자가 되는 방법을 물어보았죠. 그랬더니 "스위스에 있는 호텔리어 양성학교에 가서 공부하는 게 좋지 않을까?", "일단은 대형 호텔을 운영하는 회사에 들어가는 게 어때?", "호텔 경영학을 배울 수 있는 미국 코넬 대학에 가는 것이 좋겠다", "호텔 경영자는 부동산 경영부터 시작한 사람이 많다더라" 등 제각기 다른 조언을 해주었습니다. 아버지는 초등학생을 상대로 "먼저 외국계 투자은행에 취직해 5년 정도 일하면서 자금을 만들고, 그 돈을 밑천으로 사업을 시작하는 것이 좋을 것 같아"라는 제법 심오한 조언을 해주셨고요. 전혀 이해할 수 없는 말들을 들으며 저는 그저 난감할 뿐이었습니다.

하지만 많은 조언을 들으며 한 가지 깨달은 것이 있었습니다. 그것은 호텔 경영자가 되기 위한 공식 루트 같은 건 없다는 사실이었죠. 자격증도, 학위도, 취업처도, 호텔 경영자가 되기 위한 왕도는 어디에도 존재하지 않습니다. 자기 자신의 힘으로 길을 개척하기 나름이었습니다.

저는 이렇게 결심했습니다. 우선 공부를 해야겠다!

'내가 걸어갈 길을 스스로 찾기 위해서는 뛰어난 사람들과 어울리며 안목을 높이고 시야를 넓히는 것이 중요하지 않을까? 그렇다면 나보다 훨씬 똑똑하고, 예리하고, 흥미롭고, 정보에 민감한 사람들이 모이는 도쿄 대학에 가자!'

"바보와 못난이들일수록 도쿄 대학에 가라!"

드라마 〈드래곤 사쿠라〉에서 선생님이 문제 학생들을 엄하게 꾸짖으며 격려하는 목소리가 끊임없이 머릿속에 메아리쳤습니다.

'의식 있으시네', 노력을 조롱하는 사회

그로부터 8년 뒤, 열심히 공부한 끝에 그토록 원하던 도쿄 대학에 입학했습니다. 하지만 그곳은 생각보다 갑갑했습니다. 도쿄는 나고 자란 교토에 비해 너무나 혼잡했고, 오가는 사람들의 욕망과 계산이 그대로 드러나는 것 같아 왠지 불편하게 느껴졌습니다.

저는 '대학을 졸업하고 해외 MBA 자격증을 딴 뒤 어딘가에 취직했다가 독립하겠다'라고 느긋하게 미래를 설계하고 있었습니다. 그런데 제가 고등학교 3학년이었던 2013년에 2020 도쿄 올림픽 개최가 결정되었습니다. 부지런히 졸업해도 2018년일 텐데, 그때는 올림픽이라는 거대한 물결에 합류하기에 늦다는 생각이 들었습니다.

대학원 진학이나 취직 이야기를 여유롭게 하고 있을 상황이 아니었습니다. 그래서 학교에 다니면서 창업을 하기로 결심했죠. 여기까지는 좋았습니다. 그러나 막상 수험 공부에서 해방되어 시간을 자유롭게 사용할 수 있게 되자, 또다시 '호텔 경영은 어떻게 시작해야 할까?'라는 초보적 난제에 직면했습니다.

학비와 생활비를 벌기 위해 주 6일 아르바이트를 했지만 잔고는 늘어나지 않았습니다. 그렇다고 절망에 빠져 허우적댈 수는 없었습니다. 결국 사업을 하지 않으면 해결되지 않겠다는 생각에 아기 기저귀를 홍콩에 수출하는 일을 하기도 했고, 메이드 카페가 병설된 드러그스토어에서 외국인 관광객 전략 업무를 도우며 외국 여행사로 영업을 다니기도 했습니다. 하지만 제 역량 부족으로 어느 것 하나 사업으로 자리 잡지 못했습니다.

그러면서 언제부턴가 호텔을 경영하고 싶다는 꿈을 입 밖에 내지 않게 되었습니다. 고등학교 때까지는 "나는 나중에 창업해서 호텔을 경영할 거야"라고 말하면 긍정적인 반응이 돌아왔습니다. 하지만 대학에서는 "의식 있으시네~ 크게 되시겠어(웃음)", "그래서 구체적으로 어떤 노력을 하고 있는데?"와 같은 냉소적인 반응이 돌아올 뿐이었습니다.

'의식 있으시네意識高い系'라는 표현이 세상을 좀먹고 있습니다. 어린 시절부터 계속 가지고 있었던 문제의식, 한결같이 지향해온 목표가 알지도 못하는 사람들의 한마디에 마구 짓밟힙니다. 무엇보다 그런 말을 웃어넘길 수 있는 역량도, 실적도 가지지 못한 스스로에게 화가 나고 답답합니다. 언제부턴가 '의식 있으시네'라는 비아냥에 모두가 두려움을 느끼면서 세상은 급속히 빛을 잃고 색이 바래고 있습니다.

철이 든 뒤로 '호텔을 경영한다'라는 목표는 줄곧 저를 관통하는 중심축이었습니다. 그렇기에 '나는 그럴만한 능력이 없다', '호텔 경영은 불가능하다'라는 생각에 지배당한 날은 참으로 견디기 힘들었습니다. 자전거로 학교와 자취집을 오가며 눈물을 흘린 날도 많았습니다. 어느덧 '불가능'이라는 생각이 곪을 대로 곪아 아르바이트도 그만두고, 친구들과 놀러 다니며 시간을 보냈습니다.

남들의 공식대로 생각하지는 않는가?

그러던 어느 날 몇 개의 인터넷 기사를 보게 되었습니다. 그 순간 밑바닥까지 떨어진 제게 한 줄기 빛이 드리워졌죠. 하나는 백패커스 재팬Backpackers' Japan이라는 게스트하우스를 운영하는 기업을 취재한 기사였습니다. 그곳은 간소하고 저렴한 숙소라는 이미지가 강했던 게스트하우스에 고품격 공간설계와 커뮤니티 디자인을 도입함으로써 게스트하우스 붐을 일으킨 회사입니다. '4명의 프리터*가 1,000만 엔을 모아 개업한 게스트하우스'라는 흥미로운 제목에 단번에 눈길을 빼앗겼습니다.

저는 호텔은 기존 기업이나 부동산 회사처럼 어느 정도 자본이 있어야 할 수 있다는 선입견에 빠져 있었습니다. 하지만 기사를 보고 '프리터도 개업할 수 있다면, 대학생인 나도 어떻게든 시작할 수 있지 않을까?'라는 생각이 들었습니다.

다른 하나는 에어비앤비Airbnb의 일본 상륙을 알리는 기사였습니다. 에어비앤비는 사용하지 않는 방과 숙소를 찾는 관광객을 연결해주는 플랫폼으로, 지금은 널리 보급된 서비스입니다. 하지만 그때만 해도 일본에서는 거의 알려지지 않은 획기적인 시스템이었죠.

그때까지 제 머릿속에 '호텔'이라 하면 트럼프 타워처럼 유리벽으로 둘러싸인 거대한 고층 건물, 화려한 로비와 연회

---

* 프리(Free)와 아르바이트(Arbeiter)의 합성어. 고정된 직업 없이 아르바이트로 생활하는 일본의 젊은 세대를 가리킨다.

장, 고급스러운 레스토랑, 수많은 객실이 떠올랐습니다. 그러나 방 하나 또는 침대 하나뿐이라 해도 게스트가 안심하고 밤을 보낼 수 있다면 그것을 호텔이라 부를 수 있다는 사실을 알게 되었습니다.

이 기사들은 그때까지 제가 가지고 있던 호텔에 대한 생각을 무너뜨렸습니다. 그리고 가치관이 180도 바뀌는 코페르니쿠스적 전환을 가져다주었죠. 처음부터 큰 사업에 착수하는 것이 아니라 내 능력에 맞게 현장에서 직접 반응을 느끼면서 일할 수 있는 작은 규모로 시작하면 됩니다. 작은 눈덩이를 조금씩 굴리다 보면 어느새 큰 눈덩이가 되는 것처럼 말이죠. 그렇게 저는 단번에 꿈을 이루겠다는 욕심을 버리고 스몰 스타트로 시작하겠다고 결심했습니다.

도전의 대지, 홋카이도

2014년 크리스마스, 당시 열여덟 살이었던 저는 어머니와 함께 눈 내리는 홋카이도 후라노에 도착했습니다. 연말 여행이 아니라 중고 매물로 나온 휴양소나 펜션을 둘러보기 위한 출장이었습니다. 부동산 매매 사이트를 둘러보는 것이 취미였기에 지방에서는 경영 실무자가 공석이 된 숙박 시설이 후계자를 모집하기도 한다는 사실을 알고 있었습니다.

당시 제가 살고 있던 도쿄나 본가가 있는 교토, 오사카는 일본을 대표하는 관광지로, 호텔을 운영하기에는 더할 나위 없는 장소였습니다. 하지만 땅값이 워낙 비싸 엄두를 낼 수 없었죠.

그러던 어느 날 인터넷을 살펴보고 있는데, 홋카이도 후라노의 빨간 지붕 펜션에 대한 정보가 눈에 들어왔습니다. 스키장 옆에 자리한 30년 된 목조 펜션이었습니다. 주인 부부가 나이 들어 누군가에게 사업을 물려주고 싶다는 내용이었습니다.

홋카이도는 도쿄, 교토, 오사카, 오키나와와 함께 일본을 대표하는 관광지입니다. 좀 더 조사해보니 홋카이도 지역은 대부분 여름 또는 겨울 한 시즌만 인기인 반면, 후라노는 예외적으로 라벤더밭이 한창인 여름과 스키 시즌인 겨울 모두 관광객이 몰린다는 사실을 알게 되었습니다. '여기가 바로 내가 찾던 곳이다!'라는 생각이 번쩍 들었습니다. 그래서 곧바로 펜션에 연락해 약속을 잡고 홋카이도로 날아갔습니다. 그리고 몇 번을 거듭 상의한 끝에 주인 부부에게 펜션을 물려받게 되었습니다.

이듬해 2월 어머니를 공동경영자로 해 현지 금융기관에서 대출을 받고, 대학에는 휴학계를 제출했습니다. 그리고 현지 토목업체에 부탁해 한정된 예산으로 리뉴얼을 진행했습니다. 그러는 한편 홋카이도 생활에 대비해 운전학원도 다니고, 시부야의 디자이너스 호텔에서 아르바이트도 했습니다. 그리고 드디어 5월에 펜션을 개업했습니다.

처음에는 비수기이기도 해 파리만 날렸습니다. 그러던 어느 날 밤, 고요한 펜션 라운지에 앉아 있는데 문득 '내가 엄청난 일을 저지른 건 아닐까?'라는 맹렬한 불안감에 사로잡혔습니다. SNS를 열어보니 친구들은 열심히 동아리 활동을 하기도 하고, 연애를 하기도 하고, 취업한 회사에서 진급하기도 하는 등 각자 최선을 다해 세상을 살아가고 있었습니다. 그런데 저는 조롱 섞인 시선이 두려워 아무에게도 창업 소식을 말하지 못한 채 도쿄에서 증발해 홋카이도 작은 펜션에 앉아 있었습니다.

호텔 경영이 성공할지 어떨지는 아직 아무도 모릅니다. 제가 가진 것이라곤 대출받은 소규모 자금, 객실 13개짜리 낡은 목조 건물 그리고 직장생활 경험이 전무한 아마추어 모녀뿐이었습니다. 자금도, 직원도, 고객도, 지식도, 노하우도 없었습니다. 이런 상황에서 호텔을 운영하고 회사를 키워나가야 한다니!

해결해야 할 문제가 산더미처럼 쌓여 있는 막다른 길에 몰렸지만, 지혜를 짜내 어떻게든 이 상황을 돌파할 수밖에 없었습니다. 이렇게 없는 것투성이의 하루하루가 제 창업의 시작이었습니다.

크리에이티브 점프란 문제 해결이다

오래 기다려주셨습니다. 지금부터 그 어질어질한 상황을 타개한 크리에이티브 점프에 대해 이야기하겠습니다. '크리에이티브'라는 단어는 일반적으로 독창적이고 창조적인 것 또는 그런 표현과 디자인을 뜻합니다. 광고나 마케팅 업계에서는 제작물을 가리키기도 하죠. 하지만 이 책에서는 여기에서 더 나아가 비즈니스 그 자체에 큰 변화를 일으키는 독창적인 기획이나 사업 아이디어까지 포함하고 있습니다. 2장부터는 크리에이티브 점프의 요소를 분해하고, 각 요소를 사업에 어떻게 적용했는지 예시로 말씀드리겠습니다.

오랫동안 고민하던 문제가 있는데, 어느 날 갑자기 번뜩이는 아이디어가 떠오른 경험이 있나요? 일상의 사소한 일이든, 비즈니스 문제든 그렇게 아이디어가 떠오르면 무척이나 기분이 좋습니다. 말 그대로 '도파민이 터지는' 쾌감이죠.

이렇게 '번뜩임' 또는 '영감이 샘솟는' 상황과 '크리에이티브 점프'는 닮은 것도 같지만 조금 다릅니다. 전자는 사고가 떠오르는 순간 그 자체를 가리킵니다. 하지만 크리에이티브 점프는 '번뜩임'이나 '영감' 등의 비연속적 사고가 만들어낸 아이디어를 통해 연속적 사고로는 도달할 수 없었던 성과를 얻는 것까지 포함하는 개념입니다. 다시 말해 크리에이티

1장_ 크리에이티브 점프란 무엇인가

브 점프는 번뜩임이나 영감뿐 아니라, 우리를 문제 해결로 이끄는 아이디어를 포함합니다. 현재 상태와 이상적 상태 사이에 간극이 존재하는데 논리적 사고(연속적 사고)로 도출되는 해결책으로는 그 간극을 메울 수 없을 때, 크리에이티브 점프는 비연속적 사고를 통해 그 차이를 비약적으로 메우면서 이상적 상태를 실현하게 해줍니다.

사례 하나를 소개하겠습니다. 1948년, 중소기업이 밀집한 사카 후세 지역에서 초밥집을 운영하던 시라이시는 고민에 빠져 있었습니다. 당시 초밥집은 고급 음식점의 대명사였습니다. 메뉴판 가격표에는 줄줄이 '시가市價'라고 적혀 있었습니다. 그러다 보니 손님들은 '음식값이 얼마일까? 돈이 모자라면 어쩌지?'라는 생각에 긴장하며 초밥을 주문했죠. 그럴수록 초밥집은 서민들에게 멀어질 수밖에 없었습니다.

이러한 환경에서 시라이시는 한 접시에 20엔인 초밥집을 개업해 큰 성공을 거두었습니다. 그런데 장사가 번창해 쉴 새 없이 주문이 들어오니 이번에는 초밥 요리사가 부족했습니다. 고객은 줄을 서서 기다리는데 요리사가 부족하니 대기 시간이 발생해 회전율이 떨어졌습니다. 성격 급한 오사카 사람들의 속도를 맞추지 못하면 가게를 찾는 고객이 줄어들 것이 분명했습니다. 시라이시는 이 문제를 어떻게 해결해야 할지 고민에 빠졌습니다.

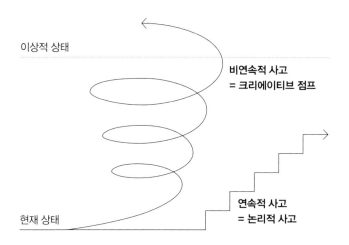

이상적 상태

비연속적 사고
= 크리에이티브 점프

현재 상태

연속적 사고
= 논리적 사고

비연속적 사고는 여러 요소를 나선 운동처럼 오가며
단숨에 이상적 상태에 도달한다.

[크리에이티브 점프와 논리적 사고의 차이점]

1장_ 크리에이티브 점프란 무엇인가

그러던 어느 날 시라이시는 상점가 사람들과 여행을 갔는데, 그때 견학한 맥주 공장에서 큰 힌트를 얻었습니다. 컨베이어 벨트를 따라 맥주병이 이동하고 차례차례 맥주가 병입되는 모습을 본 시라이시는 한 가지 아이디어를 떠올렸습니다. 그리고 자그마치 10년의 세월을 투자해 회전초밥의 원형인 '컨베이어 선회식 식사대'를 개발했습니다. 선회식 식사대라는 획기적인 아이디어는 시라이시의 경영 과제를 다음과 같이 비약적으로 개선했습니다.

- **좌석 수 증가**: 가게에 들어오는 고객 수를 늘릴 수 있다.
- **회전율 향상**: 고객의 체류 시간이 짧아진다.
- **인건비 절감**: 요리사 수를 줄일 수 있다.
- **만족도 향상**: 고객은 곧바로 원하는 속도로 식사를 할 수 있다.

시라이시의 발명은 그때까지 초밥집이 가지고 있던 고급 지향 이미지를 쇄신했고, 패스트푸드 업계의 혁명적 제품이라 불릴 정도로 성장했습니다. 근미래적 식사 체험은 '인공위성 회전하는 초밥'이라는 이름으로 1970년에 오사카 엑스포에서도 소개되었습니다. 움직이는 모노레일 등의 자동화 붐을 타고 크게 주목받으면서 해외 진출에도 성공했죠. 오늘날에는 초밥집을 말할 때 회전초밥인지 아닌지로 구분할 정도의 존재감을 자랑하며 일반화되었습니다.

곰곰이 생각해보면 컨베이어 벨트를 따라 고급 요리가 회전한다는 것은 시쳇말로 '미친' 발상입니다. 당시 시라이시가 고민하던 문제를 연속적 사고(논리적 사고)로 생각했다면 요리사를 더 고용하거나 음식 제공 속도를 올릴 수 있도록 직원 연수를 강화하거나 분업 체제를 도입하는 등으로 대처했을 것입니다.

그러나 정공법 해결책을 모두 동원해도 효과가 없는 막다른 상황에서는 비연속적 사고('공장처럼 컨베이어 벨트 위에 초밥을 올려 회전시킨다'라는 엉뚱해 보이는 아이디어)를 통해 고민하던 여러 과제를 단번에 해결하고 비약적인 성장을 이룰 수 있습니다.

이러한 일련의 움직임이 바로 크리에이티브 점프입니다.

크리에이티브 점프의 5가지 요소

물론 회전 초밥의 사례는 대단히 성공적인 경우입니다. 비즈니스에는 언제나 손쉽게 성과를 얻을 수 있는 필승법 같은 건 존재하지 않습니다. 하지만 '다승법'은 존재합니다. 아무리 훌륭한 프로야구 선수라도 백발백중으로 안타를 칠 수는 없습니다. 하지만 타석에 서는 횟수를 늘리고 타율을 높이면 자연스럽게 성적은 올라갑니다.

크리에이티브를 감성이나 직감처럼 우뇌의 영역이라 생각해 어렵게 느끼는 사람이 많습니다. 그 성질상 사고 회로를 언어화하기 어려운 부분이 있는 것도 사실입니다. 그러나 저는 크리에이티브에도 일정한 방정식이 존재한다고 생각합니다. 특히 비즈니스에서 비연속적 사고에 의해 만들어지는, 사업상의 문제를 돌파하는 해결책에는 타율이 높은 이론이 존재합니다.

저는 크리에이티브 점프를 다음과 같이 5가지 요소로 나눕니다.

① 본질을 발굴한다: 자산 재정의

② 분위기를 언어화한다: 문맥 이해

③ 인사이트를 파고든다: 고객 심리 관찰

④ 이질적인 대상과 결합한다: 아이디어 조합

⑤ 추천 포인트를 디자인한다: 입소문을 만들어내는 장치

이 5가지 요소는 어느 정도는 시간 순서를 따르지만, 매뉴얼처럼 순서에 따라 하나씩 처리하는 것은 아닙니다. 이들 하나하나는 레이어처럼 겹쳐 서로를 오가다가 모든 톱니바퀴

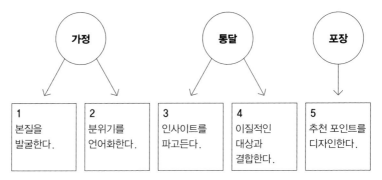

가정   통달   포장

1 본질을 발굴한다.   2 분위기를 언어화한다.   3 인사이트를 파고든다.   4 이질적인 대상과 결합한다.   5 추천 포인트를 디자인한다.

[크리에이티브 점프의 5가지 요소]

가 맞물릴 때 비로소 폭발적인 힘을 만들어냅니다.

크리에이티브 점프가 발생할 때, 그것을 만들어낸 사람이 좀처럼 그 과정을 언어화하지 못하는 이유는 논리적 사고처럼 연역적으로 순서에 따라 검토한 게 아니라, 여러 요소가 머릿속에서 뒤죽박죽 섞이면서 빠르게 회전하기 때문입니다. 이 때문에 지극히 감각적이고 직관적인 작업처럼 보이지만, 이 과정은 하나씩 요소를 분해해 설명할 수 있습니다.

1 — 본질을 발굴한다: 자산 재정의

우선 무엇보다 본인의 중점 자산이 무엇인지 제대로 이해하는 것이 중요합니다. 《손자병법》을 쓴 손무도 "적을 알고 나를 알면 백 번 싸워도 위태롭지 않다"라고 말했습니다. 적(사회 분위기나 경쟁 기업 등)을 아는 것 못지않게 내가 무엇을 가지고 있는지 파악해야 전략과 수단을 구체화할 수 있습니다.

이때의 포인트는 자신의 자산을 정면에서 파악하지 않고 '다른 정의로 대체할 수 없을까?'라는 관점에서 바라보는 것입니다. 그렇게 기존 개념에서 벗어나 '가정'해봄으로써 자산의 새로운 가치, 사업이나 도메인(사업 영역)의 잠재력을 발견할 수 있습니다.

예를 들어 호텔의 경우, 일반적 정의는 '여행지의 숙소'라고 할 수 있습니다. 하지만 아무리 숙소의 가치를 탐구해도 '쾌적하게 지낼 수 있게 한다' 또는 '침구에 투자한다'라는 고리타분한 컨셉이나 시책이 떠오를 뿐입니다. 호텔의 존재 가치 자체를 새롭게 제안하기란 결코 쉽지 않습니다.

넓은 시야에서 호텔을 다시 정의해보면 어떨까요? 예를 들어 호텔을 관광안내소처럼 '여행을 돕는 공간'이라 가정할 수 있습니다. 클럽이나 만화 카페처럼 '밤새워 놀 수 있는 공간'으로도 해석할 수 있죠. 나아가 병원이나 보육원처럼 '사람이 사람을 돌보는 장소'라고 생각할 수도 있습니다.

관점을 조금만 바꿔도 자산의 여백이 단숨에 넓어지는 것 같지 않나요? 한번 자리 잡은 고정관념은 쉽게 사라지지 않습니다. 먼저 자신의 전제를 의심하면서 재해석하고 재정의함으로써 새로운 관점을 손에 넣을 수 있습니다.

2 ― 분위기를 언어화한다: 문맥 이해

사회를 둘러싼 분위기를 이해하는 것도 중요한 과정 중 하나입니다. 뛰어난 크리에이티브란 사회와의 커뮤니케이션이며, 제작자의 의사 표명이기 때문입니다. 사람들은 어떤 사회를 살아가고 있고 어떤 분위기를 느끼고 있나요? 그런 사람들에게 어떤 메시지를 전하고 어떤 기분을 느끼게 하고 싶나요? 눈에 보이지 않지만 세상에 퍼져 있는 정서에 뿌리를 둔 사고가 필수 불가결합니다.

이를 찾는 키워드는 '비교'와 '상대화'입니다. 그곳에 존재하는 하나의 대상만으로는 개성을 찾아낼 수 없습니다. 다른 존재와 비교함으로써 차이가 드러나고, 그것을 단서로 개성을 발견할 수 있습니다.

요즘에는 "남들과 비교하지 말고 각자의 고유성을 소중하게 생각하자"라는 말을 많이 합니다. 하지만 고유성이란 오히려 비교하고 상대화함으로써 비로소 발견할 수 있는 것 아닐까요?

사회 분위기를 읽는 것도 마찬가지입니다. 갑자기 "요즘 사회 분위기는 어떤가요?"라는 질문을 받으면 곧바로 정확하게 대답할 수 있는 사람은 많지 않을 것입니다. 하지만 거품 경제 시기나 2000년대와 비교하고 상대화하다 보면 차이가 선명해지면서 시대 변화의 배경을 언어화할 수 있습니다.

지역 분위기를 해독할 때도 "이 지역의 특색은 무엇인가요?"라는 질문을 받으면 막연한 대답밖에 할 수 없습니다. 더 넓은 시야로 바라보고 다른 지역과 비교해보면 그 지역 고유의 장점과 특색을 발견할 수 있습니다.

이렇게 '눈에 보이지 않는' 모호하고 막연한 분위기나 경기를 언어로 표현해 손에 잡히게 만듦으로써 사회 분위기에 감응하는 커뮤니케이션이 가능해집니다.

3 ─ 인사이트를 파고든다: 고객 심리 관찰

자산 재정의 그리고 분위기 언어화라는 사전 준비가 끝나면 드디어 핵심으로 넘어갑니다. 자신의 사업에 어떤 문제가 있고, 누구를 타깃으로 해야 할지 가늠하면서 그들이 '나도 모르게 행동으로 옮기고 싶어지는' 마음속 스위치가 어디에 있는지 탐색합니다. 이렇게 사람들의 무의식 속에 존재하는 소비 행동을 자극하는 스위치를 '인사이트insight'라고 부릅니다.

쇼핑하면서 매대에서 집어 든 제품을 카트에 넣을 때를 떠올려보세요. 그 제품을 왜 선택했는지 논리적으로 설명할 수 있나요? 대부분 뚜렷한 이유 없이 "예전에 써본 적이 있어서요", "왠지 좋아 보여서요"라고 대답할 것입니다.

인간의 의식 구조를 빙산에 비유하곤 합니다. 자기 자신이 인식할 수 있는 부분(표면의식)은 극히 일부에 불과합니다. 의식의 95%는 자신도 잘 설명할 수 없는 무의식(잠재의식)이 차지한다고 합니다.

인간을 행동하게 만드는 것 또한 무의식입니다. 따라서 "나도 모르게 해버렸다", "나도 모르게 구입했다"라고 말하는 상황을 만들기 위해서는 연구하고 관찰함으로써 대상을 깊이 이해하고, 자신의 언어로는 표현할 수 없는 무의식에 존재하는 행동이나 욕구의 스위치(인사이트)가 무엇인지를 가설과 함께 찾아가는 작업이 중요합니다. 이 과정에서 도출한 인사이트는 어디까지나 하나의 가설에 불과하지만, 이러한 통찰이 방아쇠가 되어 돌파력 있는 행동으로 이어집니다.

4 ― 이질적인 대상과 결합한다: 아이디어 결합

인사이트를 파악하면, 그 숨겨진 욕구를 채워줄 수 있는 아이디어를 고안합니다. 아이디어라고 해서 천재적이고 기상천외한 내용을 생각할 필요는 없습니다. 세상에 존재하는 대부분의 아이디어는 '결합'으로 만들어졌습니다. 빵과 일본의 전통

화과자를 결합해 탄생한 단팥빵, 풀과 메모의 결합으로 탄생한 포스트잇, 시계와 휴대전화를 조합한 스마트 워치 등 일일이 열거할 수 없을 정도입니다.

사업의 정체 국면을 타개하는 대부분의 아이디어도 '상수×변수'의 결합으로 이루어져 있습니다. 여기서 '상수'는 자신의 중심 사업을 말합니다. 제 경우는 '호텔'이 될 것입니다. '변수'는 결합하는 요소를 가리킵니다. 여기에 무엇이 들어갈지는 아무도 모릅니다. 머릿속에서 닥치는 대로 대입해보는 것이죠. 시계가 눈에 들어오면 '호텔×시계'로 아이디어를 고민하고, 약을 먹으면 '호텔×약'으로 생각을 쥐어짜 봅니다. 컴퓨터 앞에 앉아 차분히 생각하려 하지 마세요. 일상생활의 온갖 상황에서 다양하게 대입하다 보면, 예상치 못한 조합이나 아이디어를 떠올릴 확률이 올라갑니다.

5 ─ 추천 포인트를 디자인한다: 입소문을 만들어내는 장치

고객의 인사이트를 파악해 멋진 아이디어를 생각한다 해도, 그것이 사람들에게 알려져 화제가 되고 실제로 이용되지 않으면 탁상공론에 지나지 않습니다. PR 전략이라고 하면 'SNS를 통해 널리 퍼뜨려야 한다'라고 생각하는 사람이 많습니다. 결론부터 이야기하면 고민해야 할 것은 '어떻게 퍼뜨릴까'가 아니라 '어떻게 퍼져나가게 만들까'입니다.

요즘 세상에는 하늘의 별만큼이나 많은 콘텐츠가 존재합니다. 각 미디어에서 치열하게 경쟁을 펼치고 있는 뛰어난 콘텐츠 제작자도 많습니다. 그들에게 뒤지지 않을 만큼 재미있고 화제성 있는 콘텐츠를 만드는 일은 불가능하지 않습니다. 하지만 사업 시간을 쪼개 시도하기에는 아무래도 한계가 있습니다.

다시 말하지만 이때 중요한 점은 어떻게 퍼뜨릴지가 아닙니다. 고객이나 주위 사람들이 어떻게 퍼뜨리게 만들 것인가, 다시 말해 UCC User Created Contents(사용자 제작 콘텐츠)가 탄생하기 쉬운 환경을 어떻게 조성하고 어떻게 실제 패키지로 설치할 것인가가 중요합니다.

저는 투숙객이 자기도 모르게 주변 사람들에게 "얼마 전에 이런 호텔에 갔는데, 정말 멋진 경험이었어"라고 말해주고 싶은, 입에서 입으로 소문이 퍼지게 만드는 킬러 문구를 설계하는 데 공을 들입니다. 저는 이 작업을 '추천 포인트를 디자인한다'라고 말합니다. 어떻게 하면 투숙객이 무심코 다른 사람에게 알려주고 싶어질까? 여기에서부터 거꾸로 계산하면서 아이디어를 다듬어나갑니다.

자산을 재정의하고, 사회 분위기를 파악하고, 고객의 심층 심리를 이해하고, 아이디어를 결합해 나도 모르게 화제로 삼고 싶은 환경을 만들어내야 합니다. 이렇게 5가지 요소의 톱니바퀴가 제대로 맞물렸을 때, 눈앞에 닥친 힘든 상황을 말끔하게 타개할 수 있는 방법을 찾아내 사업 변화를 이루어낼 수 있습니다.

'가지지 못한 자'의 무기

이 책의 앞부분에서 '나무 지팡이와 홑옷으로 여정을 시작하자'라고 말씀드렸습니다. 제가 후라노에서 펜션을 시작했을 때도 그랬습니다. 예산도 빠듯하고 설비도, 인원도 한정되어 있었지만 어떻게든 고객에게 사랑받는 숙소를 만들어야 했습니다. 이처럼 비즈니스에 도전할 때 완벽한 장비로 여행을 떠나는 경우는 거의 없습니다. 한 손에는 부러진 나무 지팡이를 짚고, 누덕누덕 기운 옷을 입고 어려운 상황에서 암중모색하며 앞으로 나아가야 합니다.

예산이 없다, 경험이 없다, 입지가 불리하다, 사람이 없다, 경기가 어렵다 등 포기하는 이유는 포기하지 않는 이유보다 언제나 많습니다. 하지만 아무리 발버둥 쳐도 없는 것이 생기지는 않습니다. 없는 것을 달라고 떼를 써도 상황은 달라지지 않습니다. 결국 아무리 하찮더라도 주어진 패를 킬러 카드로 바꾸기 위해 노력하는 수밖에 없습니다.

가지지 못한 자들이 게임의 판을 바꾸는 핵심 무기가 바로 크리에이티브 점프입니다. 가지고 있는 얼마 안 되는 카드를 조합해 갈고닦으면 강해질 수 있습니다. 나아가 때로는 엄청난 폭발력을 발휘해 눈앞을 가로막은 벽을 부수고 새로운 세계를 보여주기도 합니다.

저도 아무것도 모르는 상태로 호텔 경영을 시작해 시장의 쓴맛을 호되게 보았습니다. 그렇게 만신창이가 되어 막다른 길에 섰을 때, 크리에이티브 점프의 도움을 받아 벽 너머의 새로운 풍경을 만날 수 있었습니다.

저는 창작자도, 아티스트도 아닙니다. 경영자로서도 미숙하고 기업 규모도 그리 크지 않습니다. 하지만 그동안 부딪혔던 벽을 돌파하게 해주고, 너무나 멋진 풍경을 보여준 크리에이티브 점프의 힘을 언어화하고 체계화해 여러분께 보여드리고 싶습니다. 여러분도 꼭 벽 너머의 풍경을 자신의 눈으로 직접 확인해보길 바랍니다.

창업의 리스크 헤지

"10대에 창업을 하다니, 리스크가 상당하겠는데?", "창업을 앞두고 시장조사를 많이 했어?"

제가 흔히 받았던 질문입니다. 창업에서의 리스크 헤지(위험 분산)에 관한 제 생각을 적어보고자 합니다.

"창업할 때는 적극적으로 리스크를 감수해야 해"라고 말하는 사람이 많습니다. 하지만 저는 이 말에 찬성하지 않습니다. 오히려 어떻게 최소한의 리스크로 해결할지를 냉정하게 설계하는 작업이 필수적이라고 생각합니다.

제가 처음 일을 시작했을 때 제로베이스가 아니라 사업 승계를 선택한 이유도 그 때문입니다. 사업을 승계하면 전 소유자의 세무사에게 과거 몇 년간의 손익 상황을 공개해달라고 요청할 수 있습니다. 홋카이도의 관광 통계를 비롯해 많은 정보를 분석한 결과, 개수 공사나 서비스 개선을 통해 단가와 이용객 증가를 꾀할 수 있다는 판단하에 사업을 시작할 수 있었던 것은 큰 이점이었습니다.

하지만 너무 많이 조사하다 보면 오히려 시작하기 어려워지는 것도 사실입니다. 마케팅 조사는 어디까지나 조사입니

다. 가설을 보강하는 재료를 모으는 역할밖에 할 수 없죠. 그
보다는 최소한의 정보를 조사하고, 자신이 허용할 수 있는 리
스크 범위 안에서 작게 시작한 뒤 몸으로 부딪쳐 얻은 정보
와 경험을 바탕으로 궤도를 수정해가는 편이 좋습니다.

'달리면서 시작하는 것'이 스타트업 시기의 대원칙입니다.
하지만 무모해서는 안 됩니다. 저는 건물을 구매했기 때문에
언뜻 큰 리스크를 무릅쓴 것처럼 보일 수 있습니다. 그러나
모든 설비가 갖추어진 건물이었기에 대략적인 매출 수준을
예상할 수 있었습니다. 예상이 어긋났을 때는 부동산을 매각
하거나 임대하는 선택 사항도 있었습니다. 또한 이 모두가 실
패하더라도 대학을 졸업하고 취업해 월급으로 상환할 수 있
는 범위에서 대출을 받았습니다.

배수의 진을 치는 마음으로 임해서는 안 됩니다. 처음부터
보험을 이중삼중으로 들어 만일의 사태가 발생해도 대처할
수 있도록, 손해를 보더라도 좋은 공부 했다고 생각할 수 있
도록 적절한 수준에서 사업을 설계해야 합니다. 이 점이 정말
중요합니다. 심리적 여유를 확보해야 불필요한 일에 마음이
흔들리지 않고 사업에 전념하면서 최선의 의사결정을 할 수
있기 때문입니다.

본질을 발굴한다

자산 재정의로

가치를

창조한다

사업의 본질을 발굴한다

크리에이티브 점프의 첫걸음은 자신이 추진하는 사업의 본
질을 발굴하는 것입니다. 일본에서는 DJ들이 레코드 가게에
서 음원을 찾을 때 '발굴한다dig'라고 합니다. 이 표현에는 이
미 정한 구체적인 대상을 찾는다기보다 거대한 레코드 더미
에서 과연 그곳에 있는지도 알 수 없는 무언가를 설레는 마
음으로 파헤치는 기대감이 담겨 있습니다.

레코드 발굴은 실제로 선곡에 포함할 곡 하나를 발견하는
것보다 대량의 음원을 접하면서 지식과 경험을 축적해 표현
의 가능성을 넓힌다는 점에 더 큰 의미가 있습니다. 이와 마
찬가지로 사업의 본질을 발굴할 때도 어딘가에 숨어 있는 유
일한 답을 발견하는 것보다 무한하고 다양한 가능성을 만나
는 끝없는 모험의 과정 그 자체에 더 큰 의미가 있습니다.

사업이 사방으로 막혀 교착 상태에 빠졌을 때 지금까지와
같은 방법만 되풀이하면 현재 상황을 타개할 수 없습니다. 먼
저 '○○이란 이런 것'이라는 고정관념에 의문을 품고, 본질
이 무엇인지 꾸준히 파고들어야 문제 해결의 돌파구를 마련
할 수 있습니다.

본질은 진리와 달리 유일한 해답이 반드시 존재하지는 않
습니다. 그것은 레코드 더미에서 음원 한 장을 발굴하는 상황

과 흡사합니다. 파티에서 틀고 싶은 멋진 노래를 몇 곡 고르는 과정에서 때때로 '지금까지 이걸 찾고 있었어!'라는 확신을 주는 한 곡을 만나게 되는 것처럼, 다양한 가능성을 찾아 여러 본질을 접하는 과정에서 '이거야!'라는 해답에 도달하기도 합니다. 이렇듯 다수의 정답을 허용하는 애매함이 존재하는 작업이 바로 '본질의 발견'이며, '자산 재정의'입니다.

자산이란 일반적으로는 소유하고 있는 사업이나 재물 등을 가리키지만, 이 책에서는 자신이 중심을 두고 있는 도메인(사업 영역)도 포함합니다. 그 안에는 유형의 자산뿐 아니라 기술과 지식 같은 무형 자산도 포함되어 있습니다.

본질을 발굴하면서 자산을 재정의할 수도 있고, 자산을 재정의하는 과정에서 생각지도 못한 본질을 우연히 만날 수도 있습니다. 본질의 발굴과 자산 재정의는 둥근 고리처럼 서로를 오가는 관계로 이루어져 있습니다. 무한하게 열려 있는 가능성을 파고들다가 '이 곡이야!'라는 순간을 만나는 것은 더할 나위 없이 소중한 경험입니다. 그러나 설령 만족스러운 곡을 찾지 못하더라도 레코드 더미에서 보물찾기를 하고 있다고 생각하면, 지적 호기심을 충족하면서 지적 자산을 늘리는 즐겁고도 가치 있는 작업이 될 것입니다.

구체적으로 호텔을 예로 들어 설명해보죠. 저는 초등학생 때 주위 어른들에게 나중에 크면 호텔을 운영하고 싶다고 이

2장_ 본질을 발굴한다

야기했습니다. 그때 이런 말을 듣기도 했습니다.

"호텔은 그냥 숙소야. 사양 산업이지. 비즈니스호텔이나 캡슐호텔도 저가 경쟁을 하고 있으니 발을 들이지 않는 것이 좋아."

지금 생각해보면 아이를 상대로 너무 냉정하게 말한 것이 아닌가 싶기도 하지만, 당시 일본의 경제 상황을 고려하면 이것은 반론의 여지가 없는 맞는 말이었습니다. 생각 없이 '숙소로서의 호텔'을 경영해서는 결코 승리할 수 없다는 사실을 이후의 경영 인생에서 몇 번이고 체감했습니다.

고정관념

호텔 이란 여행지의 숙소 다.

세상 대부분의 호텔 경영자가 '호텔은 여행지에서 숙박하는 장소'라는 생각으로 경영하고 있으니 결과물도 비슷해질 수밖에 없습니다. 전략도 경쟁자와 크게 다를 바 없을 테고요. 자원이 든든하다면 그럭저럭 승리할 수 있겠지만, 맨손의 사업자는 남들과 같은 방법으로는 시장의 플레이어들을 이길 수 없습니다.

그렇다면 어떻게 해야 할까요? '호텔의 본질은 과연 여행지의 숙소일 뿐일까?'라고 호텔의 전제를 의심해야 합니다.

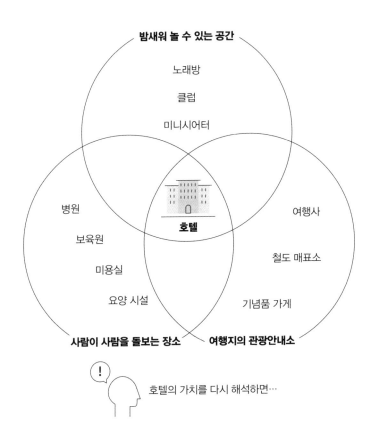

밤새워 놀 수 있는 공간

노래방

클럽

미니시어터

병원

보육원

미용실

요양 시설

여행사

철도 매표소

기념품 가게

호텔

사람이 사람을 돌보는 장소

여행지의 관광안내소

!

호텔의 가치를 다시 해석하면…

[자산 재정의]

2장_ 본질을 발굴한다

예를 들어 호텔을 '집이 아닌 곳에서 다른 사람과 지낼 수 있는 장소'라고 재정의하면 음식점이나 집과 같은 장소로 재해석할 수 있습니다. 그러면 '본가'를 대신해 명절에 친척들과 다 함께 지낼 수도 있고, '친구 집'을 대신해 느긋하게 감자칩을 먹으며 드라마를 정주행할 수도 있습니다. '레스토랑'을 대신해 기념일을 축하할 수도 있겠죠.

이렇게 호텔의 본질을 발굴하고 가치를 재해석하는 것만으로도 기존에 상정했던 고객(여행객) 이외의 잠재 고객들에게 기존 호텔이 주지 않는 차별화된 가치를 제공할 수 있습니다. 그 결과 새로운 시장을 만들어낼 수 있죠.

자산을 재정의하는 4가지 접근법

방대한 가능성 속에서 본질을 발굴하려면 어떻게 해야 할까요? 지금부터 자산을 재정의하는 방법을 설명하겠습니다. 절대적인 이론이 존재하는 것은 아닙니다. 진지하게 사업을 운영하면서 얻은 깨달음에서 아이디어를 떠올리는 것이 기본이지만, 다음의 4가지 접근법을 통해 좀 더 손쉽게 흥미로운 착안점을 만날 수 있습니다.

1 ― 근본 인수분해법

먼저 자산이 근본적으로 어떤 요소로 구성되어 있는지 인수 분해함으로써 잠재력을 파악할 수 있습니다. 특징적인 것부터 부차적인 부분까지, 떠오르는 것들을 브레인스토밍하듯 적어봅니다. 예를 들어 '도서관'이라면, 다음과 같이 특성을 인수분해할 수 있습니다.

책이 많다, 신문과 잡지도 있다, 지역의 향토사 자료를 갖추고 있다, 공간이 있다, 교통이 편리하다, 무료로 이용할 수 있다, 남녀노소가 모인다, 어린이가 이용하기 쉽다, 사서가 있다, 자료를 찾기 위해 상담할 수 있다, 지역 커뮤니티의 거점이다, 공부할 수 있다, 시간을 때울 수 있다….

조금만 생각해도 도서관이라는 공간이 이토록 다채로운 요소로 이루어져 있다는 사실을 알 수 있습니다. 그렇다면 '도서관은 무료로 책을 읽을 수 있는 장소다'라는 일반적인 정의에서 '도서관은 지역 사람들에게 정보를 발신할 수 있는 장소' 또는 '도서관은 지역의 핵심 데이터베이스다'라고 재정의할 수 있습니다.

이와테현 시와초의 '오가루 프로젝트''는 연간 100만 명이

---

*   '오가루'는 시와 지역 방언으로, '성장'을 의미한다.

방문하는 순환형 마을 조성의 성공 사례로 알려져 있습니다. 시와초는 도서관을 농업 지원 장소로 적극 활용합니다. 농업 관련 서적을 충실하게 갖추고 있는 것은 물론이고, 직판장의 지도를 비치하는 등 농업에 대한 농가의 모든 궁금증을 해결할 수 있는 장소로 주목받았습니다. 기존 도서관의 이미지를 뛰어넘어 '도서관은 농업을 지원하는 장소다'라는 새로운 가치가 탄생한 좋은 사례입니다.

2 ― 수수께끼 문답법

일본 오기리大喜利(언어유희)에 등장하는 단골 말장난 중에 '○○을 ××라고 해석하겠습니다. 그 이유는 …이기 때문입니다'라는 '수수께끼 문답'이 있습니다. 이 형식을 바탕으로 핵심 자산과 가까운 '이웃'을 찾아 공통점을 언어화하면 새로운 정의를 찾을 수 있습니다.

하루는 클럽에서 신나게 놀다 문득 호텔과 클럽이 비슷하다는 생각이 들었습니다. 언뜻 보면 전혀 비슷해 보이지 않지만, 둘 다 밤을 새우며 시간을 보낼 수 있는 장소죠.

'호텔을 클럽이라고 해석하겠습니다. 그 이유는 밤새워 놀 수 있는 공간이기 때문입니다.'

이런 식으로 나의 핵심 자산과 이웃과의 공통점을 찾습니다. 이런 사고 과정을 거쳐 호텔 공간에서 밤새도록 춤추며 즐기는 '헤이세이' 라스트 서머'라는 이벤트가 탄생했습니다.

또 어느 날에는 호텔과 병원이 매우 비슷하다는 점을 깨달았습니다. 둘 다 침대가 있고, 투숙객이나 환자가 하루를 보낸다는 공통점이 있습니다. 호텔 직원이 투숙객을 접대하는 것과 의료 관계자가 환자를 보살피는 것도 구조가 매우 비슷합니다. 따라서 다음과 같은 의외의 공통점을 발견할 수 있습니다.

'호텔을 병원이라고 해석하겠습니다. 그 이유는 사람이 사람을 보살피는 곳이기 때문입니다.'

호텔을 '보살핌의 장소'로 재정의함으로써 산후조리 리조트라는, 그때까지 존재하지 않았던 숙박 시설이 탄생했습니다. (이에 대해서는 뒤에서 자세히 살펴보겠습니다.)

여기서 핵심은 자산을 재정의하는 데 그 어떤 '정답'도 없다는 점입니다. 언젠가 일본의 코미디언 와카바야시 마사야스가 한 예능 프로그램에서 "오기리는 답이 아니라 마음가짐이 중요하다"라고 말했습니다. 그 말 그대로라고 생각합니다. 정답에 도달하는 것보다, 새로운 정의를 찾아내기 위해 자문자답하는 마음가짐 자체에 가치가 있습니다.

* 1989년부터 2019년까지 사용된 일본의 연호

이렇게 자신의 자산과 언뜻 무관해 보이는 것들 사이에서 숨은 공통점을 찾아내면 다른 분야에서도 응용할 수 있습니다. 이러한 사고방식을 일반적으로 '유추적 사고'라 부릅니다. 이어지는 ③과 ④의 접근법도 유추적 사고의 연장선에 있습니다.

3 ― 고객 관찰법

이용자의 행동을 잘 관찰하면, 어떤 자산이 원래 의도하지 않았거나 명확하게 인식하지 못했던 용도로 이용된다는 사실을 발견할 수도 있습니다. 이런 사례가 있습니다. 자동차의 가치라 하면 교통수단으로서 '이동할 수 있다'는 점을 가장 먼저 꼽을 것입니다. 그러나 한 카셰어링 업체가 자사 데이터를 분석했더니, 차를 빌리고는 전혀 이동하지 않은 이용자가 절반에 달했습니다.

의아하게 여긴 업체가 이용자들에게 이유를 묻자 예상치 못했던 카셰어의 용도가 하나둘 드러났습니다. 어떤 사람은 화상 회의에 참석하기 위해 '소리를 낼 수 있는 공간'을 확보하고자 카셰어를 이용했습니다. 또 어떤 사람은 낮잠을 자기 위해, 다시 말해 '누워서 수면을 취할 수 있는 장소'로 이용하고 있었습니다. 수유를 하거나 기저귀를 가는 등 '사람들의 시선이 신경 쓰이지 않는 사적인 공간'으로 이용하는 사람도 있었습니다.

자동차는 이동할 수 있을 뿐 아니라 '사적인 공간', '마음놓고 소리를 내도 되는 공간', '누울 수 있는 공간'이라는 복합적이고 다면적인 가치를 지니고 있었습니다. 이런 관점에서 자동차의 가치를 재정의하면 자동차에 대한 젊은 층의 관심이 떨어지는 문제도 해결할 수 있지 않을까요?

우리 서비스를 이용하는 고객의 행동을 자세히 관찰하고 그들의 이야기에 귀 기울이면 언어화되지 않은 자산의 가치를 발견하고 직면한 사업 문제를 해결할 확률이 올라갑니다.

4 ─ 시티헌팅법

이는 우리 제품/서비스를 이용해주길 바라는 잠재 고객이 어디에 있는지, 그들은 무엇을 소비하고 있는지 거리로 나가 탐색함으로써 추구할 가치를 발견하는 방법입니다.

요코하마 DeNA 베이스타스는 과거에는 적자가 계속되는 약소 구단이었지만, 지금은 일본에서 가장 높은 매출을 기록하고 있습니다. 그 비밀은 2배로 늘어난 입장권 매출뿐 아니라 음식 매출에 주력하는 전략을 채택한 데 있습니다.

2011년 DeNA가 구단의 경영권을 인수했을 때는 매년 25억 엔의 적자가 발생했습니다. 변화가 절실했던 경영진은 새로운 해결책을 찾기 위해 경기가 열리는 시간대에 거리로

나가 구장의 잠재 고객들이 어디에서 무엇을 하고 있는지 조사했습니다.

잠재 고객들은 술집에 있었습니다. 이에 DeNA는 야구장을 '야구 경기를 관전하는 장소'가 아니라 '사람들이 모이는 엔터테인먼트 시설'로 설정하고, 술집을 찾는 사람들에게 '야구를 보면서 친구들과 즐겁게 술을 마실 수 있는 장소'로 인식시키고자 구장을 리브랜딩했습니다.

야구 경기장 이란 술집 이다.

구단 오리지널 크래프트 맥주와 바비큐를 즐기면서 야구를 보는 '○○하면서 관전'이라는 새로운 체험이 인기를 끌면서, 요코하마 스타디움은 야구팬은 물론이고 시민들의 사랑을 받는 장소로 다시 태어났습니다.

이런 사례도 있습니다. '라무네'는 일본은 물론 해외에서도 유명한 모리나가 제과의 스테디셀러입니다. 그런데 이 유명 제품이 최근 일본에서 갑자기 화제를 불러일으키며 매출을 더 키우고 있습니다. 주 고객이었던 어린이나 그 부모인 30~40대 주부가 아니라 40대 직장인을 목표로 삼은 덕분입니다.

탄산이 주는 라무네 특유의 상쾌함은 설탕이 아니라 포도

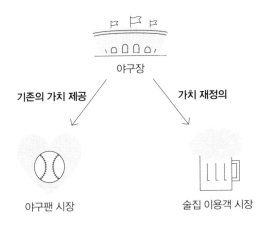

야구장

기존의 가치 제공   가치 재정의

야구팬 시장   술집 이용객 시장

[자산 재정의로 시장의 잠재 고객을 발굴할 수 있다]

당에서 나옵니다. 모리나가 제과는 포도당이 숙취 해소와 집중력 향상에도 효과가 있다는 점에 주목해 저출생으로 축소되는 어린이용 시장이 아니라 직장인 시장에서 활로를 찾았습니다. 성인 대상 제품으로 파우치형의 '왕구슬 라무네'를 개발해 1.8배의 매출 상승을 실현한 것입니다.

라무네 는 건강식품 이다.

                                        2장_ 본질을 발굴한다

이처럼 타깃 고객으로 삼고자 하는 페르소나가 어디에서 무엇을 하고 있는지 직접 거리에 나가 파악하고, 그들의 니즈에 접근하는 것도 매우 효과적인 재정의 방법입니다. 자신이 가지고 있는 자산의 본질을 발견하고, 기존 이미지에는 없었던 재정의를 시도하는 것은 사업의 판도를 바꾸는 밑바탕이 됩니다.

자산의 본질은 회의실이나 컴퓨터 앞에서 고민하는 것만으로는 좀처럼 발견하기 어렵습니다. 항상 새로운 가치가 있지는 않은지 살피고 과감히 시행착오를 거듭하는 마음가짐이 중요합니다. 저희 회사도 달리면서 생각하고 깨달음을 얻으며, 호텔의 재정의를 반복해왔습니다.

호텔의 자산은 긍정적 의외성

2015년 5월 후라노에서 펜션 경영을 시작한 우리는 자금도 없고, 직원도 없고, 지식도 없고, 노하우도 없는 상황에서 우왕좌왕 게스트를 맞이하기 시작했습니다. 몇 년 전에 중화권에서 홋카이도를 배경으로 한 영화가 큰 성공을 거둔 터라 펜션을 찾는 투숙객의 95%는 외국인이었습니다.

현지 자본으로 운영되는 소규모 숙박 시설이 많고, 외국계

자본이나 일본의 대형 자본이 거의 진출하지 않은 후라노에서 우리 펜션의 유일한 강점은 영어를 비롯한 외국어 응대가 가능하다는 것이었습니다. 하지만 그것만으로는 투숙객들을 끌어모으기에 역부족이었습니다. 어떻게든 펜션의 세일즈 포인트를 만들어야 했습니다.

주위를 살펴보니 셰프를 고용해 맛있는 프렌치 디너 코스를 제공하는 펜션도 있었고, 노천탕이 딸린 대욕장을 갖춘 호텔도 있었습니다. 낭만적이고 고급스러운 인테리어로 단장한 리조트도 있었죠. 하지만 저희 펜션에는 온천은커녕 대욕장이라 하기도 민망한 작은 대중 목욕탕만 있었습니다. 대부분의 객실에는 욕실이 없어 욕실과 화장실은 공동 시설을 이용해야 했죠. 주위와 비교하니 온통 '저기에는 있는데 우리는 없는' 것들만 눈에 들어왔습니다. 그런 상태에서 가장 먼저 취한 대책은 '일단 접객에 최선을 다하자!'였습니다. 사실 전략이라 할 수도 없었죠.

성수기에는 하루 13팀, 40여 명의 투숙객이 펜션을 찾았습니다. 저는 그들의 이름을 모두 외워 말을 걸고 여행 상담을 해주면서 조금씩 가까워졌습니다. SNS를 교환하기도 했죠. 아침 식사가 제공되는 오전 7시부터 투숙객이 잠드는 자정까지 하루도 쉬지 않고 열심히 일했습니다. 그런데 몸과 마음을 다해 응대했음에도 부정적인 후기를 남긴 투숙객이 있었습니다. '접객은 친절한데 시설이 별로다'라는 글을 읽고, 지금의 방법으로는 고객이 진심으로 만족하지 않는다는 사실을 깨달았습니다.

리모델링을 해도 낙후함을 감출 수 없는 펜션에서 도대체 어떻게 해야 투숙객이 만족할지 고민하고 또 고민했습니다. 그러던 어느 날, 어머니가 "밤에 1시간만 라운지에서 위스키나 와인 같은 술을 무료로 제공하면 고객들이 좋아하지 않을까?"라고 제안했습니다. 저는 그 제안을 받아들였습니다.

처음에는 아무도 라운지에 오지 않았습니다. 그래서 객실을 돌며 투숙객들을 일일이 술자리에 초대했습니다. 그러자 얼마 지나지 않아 신기하게도 밤이 되면 투숙객들이 자연스럽게 라운지를 찾아왔습니다. 제가 어설프게 투숙객들을 서로 소개해주지 않아도 그들은 자연스럽게 어울렸고, 라운지는 웃음이 가득한 공간으로 바뀌었습니다.

하루는 호주에서 혼자 여행을 온 나이 지긋한 남자 손님이 체크아웃을 하는데, 뭔가 기분 좋은 일이 있는 듯한 표정이었습니다. 펜션에 머무는 동안 대화 상대가 되어드리지 못한 것이 내심 마음에 걸렸는데, 표정을 보니 조금 안심이 되었습니다. 그는 제게 이렇게 말했습니다.

"어젯밤에 라운지에서 옆자리에 앉은 사람과 아주 친해졌어요. 너무 행복한 만남이었어요."

특별할 것 없는 그의 한마디가 제게 큰 깨달음을 주었습니다. 투숙객이 진정으로 원하는 것은 멋진 건물, 극진한 접객, 호화로운 식사 같은 정량적 가치가 아니라 여행지에서의 긍정적 의외성이라는, 수치화할 수 없는 정성적 가치였습니다. 저희 펜션이 그러한 무대가 됐기에 그 투숙객이 만족감을 느낄 수 있었던 것입니다. 저는 투숙객들에게 반드시 제공해야 하는 것은 긍정적 의외성을 경험할 수 있는 환경 그 자체라는 사실을 깨달았습니다.

언젠가 홍콩에서 혼자 여행을 온 투숙객도 "이 펜션이 너무 좋아요"라고 말했습니다. 그 이유를 물어보니 그는 이렇게 답했습니다.

"비싼 돈 내고 좋은 호텔에 묵어도 별 재미가 없어요. 열쇠를 받아 각자 방에 들어가면 끝이잖아요. 그게 뭐가 재밌어요. 이런 분위기의 숙소에 머물면서 여러 나라에서 온 사람들과 대화하거나 직원과 이야기하는 게 훨씬 즐거워요."

저는 그때까지 우리의 펜션을 다른 숙박 시설과 비교하면서 이것도 부족하고, 저것도 뒤떨어진다, 그러니 단가를 낮추지 않으면 경쟁할 수 없다는 정량적 차이에만 정신이 팔려 있었습니다. 비교하고 검토해 상대적으로 선택하는 호텔이 아니라 나도 모르게 이끌려 절대적으로 선택하는 호텔을 만드는 방법을 고민해야 했습니다. 라운지에서의 만남을 즐겁

2장_ 본질을 발굴한다

게 이야기하는 투숙객들의 모습을 보니 제가 어렸을 때 미국 횡단 여행에서 느꼈던 호텔에 대한 문제의식이 선명하게 되살아났습니다.

호텔의 상권은 전 세계입니다. 대부분의 상업 시설은 근처에 사는 사람이 주 고객입니다. 하지만 호텔은 다릅니다. 지구 반대편에서 오는 사람도, 이웃 사람도 모두 같은 지붕 아래에서 하룻밤을 보냅니다. 국적도 다르고 언어와 문화도 다른, 평소에는 만날 일 없는 다양한 사람이 한자리에 모였음에도 불구하고 사생활을 존중한다는 명목하에 작게 분리된 공간에 밀어 넣으면 호텔의 가능성이 축소된다는 사실을 깨달았습니다. 호텔이라는 자산의 새로운 정의가 탄생한 순간이었습니다.

호텔이란 긍정적 의외성을 경험할 수 있는 장소다.

깨달음과 동시에 새로운 아이디어가 문득 머릿속에 떠올랐습니다. '긍정적 의외성을 만들어내는 장치를 가진 사람들이 모이는 공간을 펜션이 아니라 호텔에 시도해보면 어떨까?'라는 아이디어였습니다.

'어떻게 팔 것인가'에 앞서 '무엇을 팔 것인가'

다양한 나라에서 찾아온 사람들이 '긍정적 의외성을 경험할 수 있는' 호텔에서 결코 잊을 수 없는 하룻밤을 보낸다! 이러한 공간을 만들고 싶다는 마음을 품고 이듬해인 2016년에 고향인 교토에서 두 번째 거점을 개업했습니다.

교토역에서 남쪽으로 10분쯤 걸으면 나오는 히가시쿠조라는 곳이었습니다. 이곳은 역에서 멀지 않은데도 지역의 복잡한 역사*와 교토의 전통적 가치관으로 오픈 당시도, 지금도 토지의 가치가 저평가되고 있는 지역입니다. 그곳에 70평대 토지가 매물로 나와 있었습니다. 주변에 아무것도 없어 밤에는 인적조차 없는 곳이었기에 많은 사람이 '왜 이런 곳에 호텔을?'이라고 생각했을지도 모릅니다.

사실 이는 역발상에서 출발한 출점 전략이었습니다. 또한 1,000년이 넘는 역사를 간직한 교토에서 호텔을 경영한다면, 아직 아무도 가치를 발견하지 못하고 발견할 생각도 없는 장소가 재미있겠다는 생각도 있었습니다. 산업이 공동화되면서 쇠퇴 일로를 걷던 뉴욕의 소호SOHO 지구는 1970년대 들어 아

---

*   교토에서 재일 코리안이 가장 많이 살고 있는 지역

티스트들이 모여들면서 다시 태어났습니다. 히가시쿠조도 아직 가치가 발견되지 않은 장소이기에, 지역 분위기를 담아내고 외부의 새로운 문화를 도입해 발효시키면 새로운 문화가 탄생할 수 있을 것 같았습니다. 동시에 히가시쿠조 지역에 대한 저평가도 몇 년 안에 사라질 것이라 예상했습니다.

아무리 생각해도 관광 개발을 위해 국내외 거대 자본이 밀려드는 교토에서 이렇게 입지가 좋은 지역을 지나칠 수는 없었습니다. 교토에서 호텔을 운영한다면 이곳밖에 없다는 확신을 가지고 자금을 조달하기 위해 간사이 지역의 금융기관들을 방문했습니다. 제 나이 열아홉 살, 사업 실적이랄 것도 딱히 없으니 아무리 면밀한 사업 계획을 제시해도 대부분의 금융기관에서는 이해할 수 없다는 표정을 지었고, 대출은 정중하게 보류되었습니다. 그 당시에는 대형 체인이 아닌 독립 계열 호텔을 개업하는 사례 자체가 드물기도 했습니다.

그런 와중에 저희에게 관심을 보인 금융기관이 있었습니다. 그곳의 지점장은 과거 '오사카의 부엌'이라 불린 구로몬 시장 근처 지점에서 근무한 경력이 있었습니다. 외국 관광객의 맹렬한 구매력을 직접 확인한 지점장은 일본 관광 산업의 큰 가능성을 몸으로 이해하고 있었습니다. 결과적으로 지점장의 강력한 지원 덕분에 우리는 무사히 대출을 받아 토지를 취득할 수 있었습니다.

사람과 사람이 만나 화학 반응을 만들어내는 '소셜 호텔'을 컨셉으로 내걸고, 처음에 볼륨 스터디(대지에 어느 정도 규모의 건축물이 세워질 수 있는지 검증하는 것)에서 상정한 37실 가운데 객실을 3개나 줄이고 공유 부분을 넓게 확보해 라운지를 배치했습니다. 투숙객들이 문화를 교류하는 장이 되도록 라운지에 오픈 키친을 설치하고, 외국 현지 경험이 풍부하고 영어에 능통한 인재를 직원으로 채용했습니다. 호텔 품질의 서비스를 제공하면서 게스트하우스나 펜션처럼 따뜻한 만남을 경험할 수 있는 공간을 만드는 것이 목표였습니다.

그렇게 '호텔 쉬 교토 HOTEL SHE, KYOTO'는 2016년 3월 의기양양하게 문을 열었습니다. 오픈 시기가 교토의 벚꽃 시즌과 겹쳐 예약 접수를 시작한 날부터 계속해서 만실이 이어졌습니다. 마침 교토의 호텔 부족이 화제에 올라 불과 15m² 객실이 1박에 3만 엔이라는 고단가에도 불티나게 판매되었습니다. 매일 커다란 여행 가방을 든 고객들이 찾아왔습니다. 좋은 출발이었습니다. 그랬습니다. 벚꽃 성수기가 끝날 때까지는 말이죠.

황금연휴가 끝나고 따뜻한 햇살을 받으며 신록이 피어나는 계절이 오자 객실 가격은 조금씩 내려가기 시작했습니다. 6월에 접어들 무렵에는 8,000엔으로 내려가더니 결국 1박에 6,000엔 대에 팔지 않으면 객실이 차지 않는 날까지 생겼습니다. 아무리 다이내믹 프라이싱(일반적으로 호텔이나 항공사에서 적용하는, 수요와 공급에 따라 가격을 변동하는 방법)이라 해도 가격의 변동폭이 너무 컸습니다.

성수기에는 활기차게 느껴지던 라운지도 비수기가 되면 한순간에 텅 빕니다. 때로는 아르바이트생들도 섞여 투숙객과 함께 술을 마시며 밤을 보내기도 했지만, 라운지에 사람이 한 명도 없는 날이 점점 늘어났습니다.

프런트를 지나가는 투숙객에게 "술 한잔 어떠세요?"라고 말을 걸어도 멋쩍은 미소를 지으며 조용히 지나갈 뿐이었습니다. 당연한 일이었습니다. 후라노에는 밤을 즐길 놀거리와 레스토랑이 거의 없었지만, 교토의 밤은 자극적인 콘텐츠가 넘쳐나고 있었으니까요.

EDM 음악이 가득한 호텔에서 한 직원이 "소셜 호텔이란 대체 뭔가요?"라고 물었을 때 어떻게 대답해야 할지 몰라 당황했던 기억이 지금도 선명합니다. 과감하게 도전한 '소셜 호텔'이라는 시도는 완전한 컨셉 붕괴로 끝나버렸습니다.

플랫폼에 의존하는 한계

당시 저희가 직면한 딜레마를 조금 더 자세히 말씀드리겠습니다. 비수기 고객 유치의 유일한 희망은 OTA Online Travel Agent 뿐이었습니다. 자란, 라쿠텐 트레블, 부킹닷컴 같은 일본의 호텔 예약 사이트가 여기에 해당합니다.

고객에게는 OTA가 여러 호텔을 간편하게 비교해 예약할 수 있는 편리한 서비스이고, 숙박 시설에는 고객 유치의 핵심 루트입니다. '호텔 쉬 교토'도 투숙객의 95% 이상이 OTA로 예약했습니다. OTA에서 얼마나 효율적으로 판촉하는지가 마케팅의 관건이었습니다.

호텔은 숙박 실적에 따라 OTA에 수수료를 지불합니다. 이 수수료는 10~15% 정도인데, 여기에 각종 비용까지 더해지면 숙박 요금의 20% 정도가 고객 유치 수수료로 사라집니다. 개업하고 얼마 지나지 않았을 무렵, OTA의 청구액을 확인하고 저도 모르게 눈이 휘둥그레졌습니다. 한 달 수수료가 무려 500만 엔 가까이 되었습니다. 아무리 성수기라 해도 너무 큰 돈이었습니다.

OTA는 수수료를 많이 지불하는 시설을 우대하며 상위에 표시하는 구조입니다. 즉 OTA 실적이 좋을수록 이익률은 떨어집니다. 이익률이 낮아도 OTA를 통해 많은 예약이 이루어지기에 차마 끊지 못하고 유지하는 관계가 이어지는 상황이었습니다.

게다가 OTA끼리의 경쟁이 점점 치열해지면서 그 불똥이 업체로 튀는 경우도 많아졌습니다. OTA는 업체에 저렴한 가격을 내세워 차별화를 도모할 수밖에 없으니 자기네 OTA에

'최저가 보장'을 하라고 압박했습니다. 다른 사이트에 더 저렴하게 올라가 있는 것이 발각되면 검색 순위를 대폭 떨어뜨리거나 다른 사이트와 같은 가격으로 일방적으로 내려버리기도 했습니다.

OTA가 실시하는 포인트 전환 제도와 할인 캠페인도 호텔 측에서 비용을 부담했습니다. 20%에 가까운 수수료를 내고 최저가를 보장하는 걸로 모자라 캠페인에 참여해 할인은 물론 포인트 전환까지 부담해야 했습니다. 고객 유치를 대가로 호텔들은 뼈를 깎는 소모전을 강요당했습니다.

물론 각 OTA도 엄청난 광고비를 투자해 고객을 유치하므로 OTA를 무조건 비판하려는 의도는 없습니다. 그러나 호텔에 가해지는 비용 압박이 줄어드는 건 아닙니다. 저는 이런 OTA와의 관계를 계속 유지하는 것이 너무나 힘들었습니다. 거대한 시장의 소용돌이에 휘말려 점점 축소되고 있다는 사실에 피로와 의문을 느낀 저는 OTA에 의존하지 않는 방법을 모색하기 시작했습니다.

하지만 현실을 직시하니 '호텔 쉬 교토'에 방문하는 투숙객 대부분은 '역에서 가까워서', '저렴해서' 저희 호텔을 선택하고 있었습니다. 후라노에서의 교훈을 계기로 정량적이고 비교하기 쉬운 가치로 경쟁하는 세계에서 벗어나고자 두 번째 호텔을 개업했는데, 결국 가격을 뛰어넘는 '선택의 이유'

를 만들지 못한 채 조금씩 수익을 갉아먹는 가격 경쟁의 늪으로 끌려 들어가고 있었습니다. 회의 자리에서 어느 OTA 담당자에게 이런 비아냥까지 들어야 했죠.

"'호텔 쉬 교토'에 묵을 거면 3,000엔 더 내고 '그란비아'에 묵죠."

'호텔 그란비아 교토'는 JR서일본이 100% 출자한 호텔로, 교토역에서 지하도로 바로 연결되는 준대형급 호텔입니다. 정말 무례한 사람이라고 생각했지만, 냉정하게 따져보니 교토역에서 10분을 걸어야 하는 지명도 낮은 호텔에 묵는 것보다는 돈을 조금 더 내더라도 역과 바로 연결되어 있고, 고급스러움과 지명도를 갖춘 호텔에 묵고 싶다는 고객 심리도 이해할 수 있었습니다. 저는 씁쓸하지만 그의 말을 인정해야만 했습니다.

오해를 사지 않도록 미리 밝혀두면, 저는 가격 책정이나 마케팅에 힘을 쏟는 것 자체를 결코 폄하하지 않습니다. 오히려 저희는 그런 정공법으로 열심히 도전했음에도 기대한 성과를 내지 못해 위기를 맞은 것이었습니다.

사업을 크게 키우려면 자본의 레버리지*가 효과적입니다.

---

*   자본금에 비해 저렴한 차입금으로 자본금을 대체하는 것

지명도나 자본력을 가진 사업자라면 유효한 대책이죠. 하지만 사업 규모가 작은 저희는 '어떻게 팔 것인가'가 아니라 '무엇을 팔 것인가'를 날카롭게 갈고닦아야 했습니다. 표면적인 마케팅에 사로잡히지 않고 본래의 가치를 다시 확인하는, 다시 말해 호텔이라는 중심축을 의심하고 자산을 재정의하는 작업이 필요했습니다.

일부러 찾아오는 호텔을 지향한다

마케팅을 열심히 할수록 이익률이 떨어지고 조직이 피폐해지는 상황에서 다시 한 걸음 내딛기 위해서는 현재의 문제를 논리적으로 점검해볼 필요가 있었습니다. 풀어야 할 문제가 복잡할 때 다음과 같이 문제의 구조를 분석하는 것은 업종과 업태를 불문하고 무엇이 문제인지 정확히 판별하는 데 도움이 됩니다.

호텔 경영에서의 중요 지표는 보통 다음과 같습니다.

총이익=총매출−비용

총매출=예약 수×평균 객단가

=객실 총수×가동률×평균 객단가

※ 가동률과 평균 객단가는 상관관계가 크기 때문에(객단가를 낮추면 가동률이 올라가고, 그 반대의 경우도 마찬가지), 업계에서는 일반적으로 '객실당 매출=가동률×평균 객단가'라는 지표를 사용한다.

이 방정식을 기준으로 판단할 때, 총이익을 늘리기 위해서는 다음과 같은 2가지 방침을 생각할 수 있습니다.

① 객실당 매출 높이기: 가동률 및 객단가를 높인다.
② 비용 낮추기: 경비를 억제한다.

'호텔 쉬 교토'의 경비 명세를 살펴보니 변동비에는 OTA 수수료, 인건비, 소모품비, 수도광열비, 어메니티 비용 등이, 고정비에는 차입금 변제, 고정자산세 등이 있었습니다. 그중 상당히 큰 비율을 차지하고 있었던 것은 앞서 살펴본 OTA의 고객 유치 수수료였습니다. 인건비 등은 적정 수준으로 통제되고 있던 반면, OTA 수수료는 연간 수천만 엔에 달해 큰 부담으로 작용했습니다. 그리고 치밀하게 분석한 결과, OTA를 통한 고객 유치는 '가동률 향상'의 대가로 '객단가 향상', '경비 삭감'이라는 경영 과제를 모조리 잠식하고 있다는 사실을 확인했습니다.
고민 끝에 도달한 결론은 '지명구매'라는 키워드였습니다.

이는 고부가가치를 제공함으로써 OTA에서 다른 업체들과 비교해 선택하는 것이 아니라 처음부터 '이 호텔에 묵고 싶다'라는 강한 목적의식을 가지고 숙박하게 만드는 것이죠.

저희 호텔에 특별한 가치를 느끼고 직접 예약하는 고객이라면, 시장의 가격 경쟁에 쉽게 흔들리지 않고 본래 단가에 객실을 판매할 수 있을 것이라 생각했습니다. 호텔에 대한 이해도 역시 높기 때문에(장단점을 모두 이해하고 적절한 기대치를 가지고 예약하기에) 매칭 정확도가 높아지고, 만족도와 재방문율도 자연스럽게 올라갈 것이라 판단했습니다. 직접 예약이 증가해 판매 수수료를 절감할 수 있다면, 투숙객의 만족도를 높이는 시책을 마련하거나 직원들에게 환원함으로써 경영을 안정시킬 수 있었습니다.

OTA를 통한 고객 유치에 의존함으로써 자사의 수익이나 투자 여력이 조금씩 줄어들던 기존의 부정적 순환을 '차별화'를 통해 직접 예약(지명구매)을 획득함으로써 수익성을 높이고 경영 기반을 안정시키는 이상적 순환으로 바꾸겠다고 결심했습니다.

'직접 예약이 열쇠라니, 무슨 그런 당연한 이야기를 하지?'라고 생각할 수도 있습니다. 실제로 이는 호텔의 가장 원시적인 판매 방법입니다. 그러나 2016년은 D2C Direct to Consumer(소

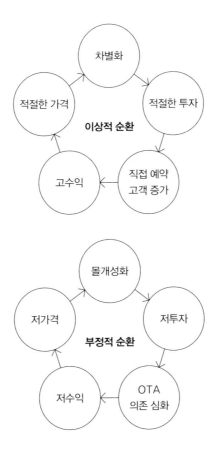

[호텔 경영의 이상적 순환과 부정적 순환]

2장_ 본질을 발굴한다

비자 직거래)라는 용어도 생소한 메가 플랫폼의 전성기였습니다. 시대의 흐름을 거스르며 다른 사업자들이 시도하지 않는 판매 방법을 모색하는 것은 결코 쉬운 일이 아니었습니다.

그리고 차별화를 한다 해도 저희처럼 작은 스타트업 호텔은 입지나 건물, 온천 등의 하드웨어는 물론이고, 접객과 식사처럼 다른 사업자들이 오랜 세월 각축전을 벌이고 있는 영역에서 이길 방법이 없었습니다. 그렇다면 어떻게 해야 일부러 찾아오는 호텔을 만들 수 있을까요?

선택할 가치가 있는 호텔 브랜드를 만든다

힌트가 된 것은 홋카이도 비에이에 위치한 '스푼 계곡의 자와자와 마을'이라는 숙박 시설이었습니다. 홋카이도로 이주한 가족이 감자밭이 펼쳐진 아름다운 비에이 땅에 몇 년에 걸쳐 직접 지은 오베르주Auberge(숙박 시설을 갖춘 레스토랑)였습니다. 독채는 동화에 나올 것처럼 아기자기했고, 외벽 색은 캐러멜 버터 토스트처럼 노릇노릇 잘 구운 느낌이 들었습니다. 창문 너머로 비에이의 웅장한 하늘과 짙푸른 밭이 한눈에 들어오고, 아침이면 신선한 우유와 토스트가 바구니에 담겨 방에 배달되었습니다.

"이곳은 도쿄 엄마들 사이에서 인기가 많아요. 홈페이지에서만 예약을 받는다고 해요. 예약하기가 얼마나 어렵다고요."

저는 독특한 이름과 지브리 작품에 나올 것 같은 건물도 놀라웠지만 당시 공식 홈페이지에 적혀 있던 한 문장이 너무나 충격적이었습니다.

'이 숙소는 비에이의 농작지 안에 자리 잡고 있어 와이파이가 잡히지 않습니다.'

그 당시 후라노 펜션은 '와이파이 상태가 나쁘다'라는 후기 때문에 공사로 분주했습니다. 그런데 불편한 상황을 투숙객들이 오히려 숙소의 매력으로 받아들인다니요!

그곳을 방문하는 사람들이 원한 것은 편리한 인터넷 환경도, 관광지를 효율적으로 돌아보는 것도 아니었습니다. 그들이 진정으로 원한 건 홋카이도만의 분위기를 느낄 수 있는 풍경에 둘러싸여 마음 괴롭히는 일들을 잊고 가족과 함께 그림책이나 동화의 세계에 들어온 것 같은 하루를 보내는 것이었습니다.

그때까지 저는 계속해서 '좋은' 호텔을 만들기 위해 노력했습니다. 좋은 객실, 좋은 입지, 좋은 접객, 좋은 식사, 좋은 온천, 좋은 와이파이 환경…. '좋다'라는 것이 '선택받는' 것으로 직결된다고 믿으면서, 마치 알림장의 '참 잘했어요' 도장을 늘려가듯 OTA의 후기 평가 항목을 공략했습니다. 하지만 그 끝에서 기다리고 있었던 건 모범적이지만 다음 날이면 기억에서 완전히 잊히는, 어린 시절 제가 가장 지루하게 느낀 호텔의 모습이었습니다.

정말로 중요한 것은 '좋다'가 아닙니다. 고객이 '선택할 가치가 있다'고 느끼는 것이 그 무엇보다 중요합니다. 가장 중요한 건 그저 정량적 지표에서 상위를 차지하는 것이 아니라 정성적 가치를 느낄 수 있도록 만들어가는 것, '선택할 가치가 있는 호텔 브랜드'를 구축하는 일이었습니다.

일부러 골라서 방문할 이유가 있는 호텔, 그곳에 묵는 행위 자체에 의미가 있는 호텔을 만들어야 했습니다. 호텔이 아니라 호텔 브랜드를 만들어야 한다는 깨달음은 제 인생에 큰 전환점이 되었습니다.

미디어로서의 호텔

그때까지 저는 호텔은 '긍정적 의외성을 경험하는 장소', 다시 말해 사람과 사람이 만나는 곳, 예상치 못한 행복을 발견하는 곳이라고 생각했습니다. 그러나 호텔의 가치는 그것이 전부가 아니었습니다. '스푼 계곡의 자와자와 마을'이 투숙객들에게 비에이의 산뜻하고 목가적인 분위기와 농지와 공존하는 삶의 방식을 알려준 것처럼, 호텔은 현지 분위기를 오감으로 느낄 수 있는 '지역의 정서가 담긴 장소'라는 가치를 가지고 있습니다. 또한 호텔은 다른 '라이프스타일을 체험할 수 있는 장소'이기도 합니다.

> 호텔이란 지역의 정서가 담긴 장소다.
> 호텔이란 라이프스타일을 체험할 수 있는 장소다.

호텔을 매개로 만나는 대상은 사람과 사람만이 아닙니다. '무언가와 무언가가 현실 공간을 매개로 만나는 장소'라는 더 넓은 개념으로 파악해야 호텔의 거대한 가능성을 끌어낼 수 있습니다. 호텔은 '사람과 사람'은 물론이고 '사람, 땅, 문화'를 중개하는 미디어로서의 역할도 하지 않을까요? 이런 의문을 통해 다음과 같은 재정의에 도달하게 되었습니다.

> 호텔이란 미디어다.

호텔은 결코 단순한 잠자리가 아닙니다. 인간의 오감과 생활을 책임지고, 지금껏 상상도 하지 못했던 인물, 가치관, 분위기, 아이템 등과 만날 수 있는 장소입니다. 반은 사적이고 반은 공적이기도 한, 큐레이터(호텔 운영자)의 의사가 반영되는 생활 공간이기도 합니다. 호텔은 이제 생활 공간 미디어라 해도 과언이 아닙니다.

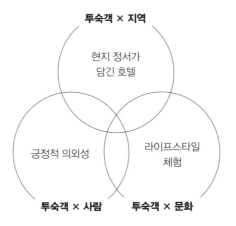

투숙객 × 지역

현지 정서가
담긴 호텔

긍정적 의외성　　　　라이프스타일
　　　　　　　　　　체험

투숙객 × 사람　　**투숙객 × 문화**

[미디어로서의 호텔]

'호텔은 미디어다'라는 재정의를 바탕으로, 3가지 가치가
입체적으로 정해졌습니다.

1 ― 투숙객과 사람을 연결한다:

긍정적 의외성을 경험할 수 있는 장소

앞서 설명했듯 호텔이 가진 본질적인 가치 중 하나는 다른
배경을 가진 사람들이 한 지붕 아래에 모여 있다는 점입니다.

호텔은 전 세계를 향해 열려 있는 흔치 않은 업종입니다. 바로 옆방에 지구 반대편에서 온 사람이 묵을 수도 있습니다. 다양한 국적, 성별, 나이의 사람들이 모이고, 전혀 다른 정치 신념을 가진 사람들이 마주칠 가능성도 있습니다. 그런 의미에서 호텔이란 다른 세계를 살아가는 사람들이 우연히 만날 수 있는 장소라고 할 수 있습니다.

또 호텔은 투숙객과 현지인이 만나는 무대가 될 수도 있습니다. 관광의 중요한 요소 중 하나는 '사람 구경'입니다. 관광 명소의 유적과 유물을 둘러보는 것 못지않게 도중에 만난 사람들이 풍기는 분위기를 즐기거나 타인의 일상을 간접 체험하는 것이 여행의 하이라이트가 되기도 합니다.

오키나와의 허름한 오두막에서 사탕수수 주스를 만드는 노인, 하와이 힐로 공원에서 웃으며 "알로하!"라고 인사를 건네는 동양계 여성, 눈 내리는 헬싱키 밤길에서 마주친 남성들… 이런 순간이야말로 자신의 일상과 병존하는 '비일상'을 강렬하게 체험하게 해 '여행 중'이라는 사실을 실감하게 합니다. 그리고 그런 경험은 대부분 호텔이라는 장소를 기점으로 만들어집니다.

여행을 떠난다는 것에는 '사람'을 만나고, '사람'을 매개로 다른 문화와 접하는 즐거움이 포함되어 있습니다. 호텔은 내부와 외부를 불문하고 체류를 통해 긍정적인 의외성을 경험할 수 있는 잠재력을 가진 공간입니다.

2 — 투숙객과 지역을 연결한다:
지역 정서가 담긴 장소

모처럼 여행을 떠나도 그 지역 고유의 정서를 실감할 수 있는 기회는 의외로 많지 않습니다. 모든 지역에는 반드시 그 지역의 고유한 개성이 존재합니다. 하지만 오늘날 세계적인 규모로 진행되고 있는 도시 균질화의 영향 등으로 일부러 찾지 않으면 지역의 개성을 느끼지 못하는 경우가 많습니다.

호텔은 여행객이 하루에 12시간 이상 머무는, 그 지역에서 가장 긴 시간을 보내는 공간입니다. 그렇기에 호텔은 여행객들에게 해당 지역을 가장 인상적이고 효과적으로 선보일 수 있는 장소입니다. 호텔이 제공하는 의식주에 지역 정서를 불어넣음으로써 투숙객이 오감으로 지역의 고유함을 느끼게 할 수 있습니다.

또한 호텔은 지역으로 사람을 공급하는 펌프와 같은 역할을 담당합니다. 그곳에 호텔이 있기 때문에 사람들은 그 지역을 방문하고, 그곳에서 또 다른 목적지로 발걸음을 옮깁니다. 그렇기에 호텔은 여행자가 그 지역에서 무엇을 접하고 무엇을 보고 들을지 도와줄 수 있고, 나아가 관광 소비를 촉진함으로써 지역 경제 활성화를 도모할 수 있습니다.

호텔은 지역을 상징하는 랜드마크가 될 수도 있습니다. 지역 정서가 반영된 공간이기에 실제로 묵었던 투숙객은 물론이고 방문한 적 없는 사람에게도 해당 지역의 존재와 개성을 알리고, 나아가 지역의 상징으로서 지역 이미지를 새롭게 만들어나갑니다. 호텔은 지역의 얼굴로서 지역에 대한 현지인들의 자부심과 애착을 키우는 데 이바지하기도 합니다.

지역 정서를 표상하는 호텔은 투숙객의 여행 완성도를 높여주는 것은 물론이고, 지역의 흐름을 바꾸는 힘도 가지고 있습니다.

3 ─ 투숙객과 문화를 연결한다:
라이프스타일을 체험할 수 있는 장소

또 하나 잊어서는 안 되는 호텔의 본질적 특징은 '반은 사적이고, 반은 공적인 공간'이라는 점입니다. 이는 단순히 공유 공간과 전유 공간이 존재한다는 뜻이 아닙니다. 호텔의 서비스 자체가 사적인 성격과 공적인 성격을 동시에 지닌다는, 다시 말해 호텔 측에 의해 연출된 체험 설계 속(공적인 성격)에서 투숙객의 사적인 생활이 영위되는 이중 구조로 되어 있다는 의미입니다.

호텔은 내가 아닌 다른 누군가의 생활 제안을 받아들여 1일 단위로 그것을 시도해볼 수 있는, 즉 '라이프스타일을 체

2장_ 본질을 발굴한다

험할 수 있는 장소'입니다. 잡지와 인터넷 미디어가 문자, 시각, 음성 정보를 통해 사회에 새로운 라이프스타일을 제안한다면, 호텔은 실제 지내보는 경험을 통해 라이프스타일을 제안합니다. 현실 공간에서 생활 경로에 따라 선명하고 강렬한 감각을 투숙객의 오감 전체를 통해 느끼게 할 수 있죠. 예를 들어 앞서 소개한 '스푼 계곡의 자와자와 마을'의 경우 '홋카이도의 평화로운 농촌 지대에서 자급자족에 가까운 생활을 한다'라는 라이프스타일을 제안하고 있습니다.

조금 더 심도 있게 접근해 호텔을 투숙객의 생활, 다시 말해 인생의 일부를 책임지는 공간으로 파악한다면, 투숙객의 생활이나 인생의 본질에 접근하는 진정한 의미에서의 라이프스타일 제안이 가능하리라 생각합니다.

예를 들어 도쿠시마현 가미카쓰초에는 지속 가능한 생활을 체험할 수 있는 '호텔 와이 HOTEL WHY'가 있습니다. 이 호텔에 머물며 제로웨이스트 라이프스타일을 체험하고, 이 경험을 실생활로 가지고 가 삶에 변화를 일으킬 수 있습니다. (물론 어디까지나 '체험'이기에 수용이 유일한 목적은 아닙니다. 체험해 보고 자신에게 맞지 않는다는 사실을 깨닫는 것도 중요합니다.)

이 세상에 정보나 물건을 제공하는 사업자는 많습니다. 그러나 '환경'을 제공할 수 있는 사업자는 많지 않습니다. 그중에서도 중장기에 걸쳐 '생활 환경'을 제공할 수 있는 사업자는 호텔밖에 없습니다. 그런 이유에서 호텔은 인간의 생활을 연출해 투숙객의 생활, 나아가 인생에 새로운 선택지를 제시할 수 있는 존재라고 생각합니다.

고정관념에서 벗어나 본질을 발굴하고, 자산을 재정의함으로써 새로운 가치를 창조할 수 있습니다. 기존 호텔과 다른 새로운 이미지를 구상한다면, 지금까지와 다른 상황에서 고객을 불러들이며 새로운 시장을 만들 수 있습니다. 그러한 변화는 사업에 새로운 흐름을 불러오면서 크리에이티브 점프의 첫걸음이 될 것입니다.

분위기를 언어화한다

사회 분위기와

지역의 정서를

파악한다

분위기의 언어화란

2장에서는 크리에이티브 점프의 기점으로서 '자산 재정의'의
중요성에 대해 이야기했습니다. 크리에이티브 점프를 위해서
는 또 하나의 준비 작업으로 '분위기를 언어화하는 과정', 즉
사회 분위기를 파악하는 과정이 필요합니다. 왜일까요? 2가
지 이유가 있습니다.

첫 번째는 좋은 크리에이티브란 고객과의 커뮤니케이션이
며, 사회에 대한 의사 표명이기 때문입니다. 이용자가 어떤
사회 분위기 속에 살고 어떻게 느끼고 있는지, 그런 이용자에
게 어떤 메시지를 전달하고 어떻게 느끼길 바라는지 등의 내
용을 정확하게 언어화하면 사회의 잠재의식이 반영되어 가
슴 깊이 와닿고 강한 인상을 남기는 크리에이티브로 이어집
니다.

두 번째는 좋은 크리에이티브란 상식을 '역행'함으로써 성
립하기 때문입니다. 아이디어나 기획에 놀라움과 의외성이
없다면 사람들에게 이렇다 할 인상을 남기지 못하고 사라집
니다. 멋진 '배신'을 위해서라도 누구보다 현시대의 '상식'과
'분위기'를 파악하는 작업이 중요합니다.

한 걸음 더 나아가면, 뛰어난 크리에이티브 점프는 시대
분위기의 반작용에서 탄생하기도 합니다. 사람들의 잠재의식

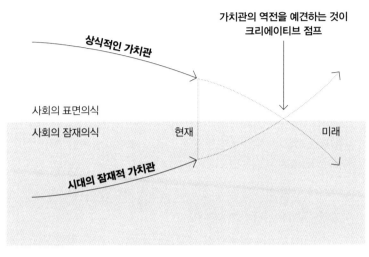

상식적인 가치관

가치관의 역전을 예견하는 것이
크리에이티브 점프

사회의 표면의식

사회의 잠재의식   현재   미래

시대의 잠재적 가치관

[크리에이티브 점프와 시대의 잠재의식]

에 존재하는 시대 분위기를 언어화해 표면의식으로 끌어내면서 기존 상식에 반기를 드는 것입니다. 그러한 창의성은 종종 미래에 일어날 '상식의 전환'을 예견하기도 합니다.

예를 들어볼까요? 출장 사진사가 연인들의 사진을 촬영해주는 '러브그래프'라는 서비스가 있습니다. 2015년에 창업한 이후 젊은 세대를 중심으로 폭발적인 인기를 얻고 있죠. 이것이야말로 시대 분위기를 거슬러 새로운 가치관을 선점함으로써 탄생한 서비스입니다.

러브그래프가 창업하기 몇 년 전까지만 해도 스마트폰 보급률은 20~30%였습니다. 당시 대학생을 비롯한 젊은 세대의 문화는 X(구 '트위터')가 발신하는 냉소적이고 이성에게 인기 없는 사람들의 영향을 강하게 받고 있었습니다. '리얼충' 폭발해라'라는 유행어까지 있었죠. (지금은 완전히 사라졌지만, 당시 대학생이었던 제가 일상적으로 듣던 말이었습니다). 연인과 캠퍼스에 함께 있다는 이유만으로 '리얼충'이라는 질시를 받고 헤어지라는 야유를 들었습니다.

그런 상황에서 러브그래프는 연인과 보내는 짧지만 멋진 시간을 사진에 담음으로써 '사랑한다는 것을 당당하게 보여 줘도 괜찮다'라는 새로운 가치관을 제시했습니다. 러브그래프는 사회적 공감대를 얻으며 큰 성장을 이루었습니다.

결혼 정보지 〈젝시ゼクシィ〉의 2017년 광고도 큰 화제였습니다. '결혼하지 않아도 행복해질 수 있는 이 시대에 저는 당신과 결혼하고 싶습니다'라는 광고 문구는 큰 호응을 받았죠. SNS에 많은 공감의 댓글이 달렸던 것을 똑똑히 기억합니다.

---

* 일, 연애, 가정생활 등 현실 생활에 충실한 사람을 가리키는 유행어

동거, 스몰웨딩 등 결혼의 선택지가 늘어나면서 '결혼은 정답도, 필수도 아니다'라는 가치관이 힘을 얻었습니다. 그런 와중에 '그럼에도 결혼하고 싶다', '누군가의 반려가 되는 것은 숭고한 일이다'라는, 당시에는 좀처럼 언어화되지 않았던 잠재적 가치관을 제시하는 이중의 '상식의 배신'이 이루어졌습니다. 왜 이중의 배신이냐고요? 그전까지 〈젝시〉는 결혼 정보지인 만큼 결혼을 100% 긍정하는 기조의 광고를 진행했거든요. 그러다 중립적인 균형 감각으로 결혼의 고귀함을 전달하는, 자신의 문맥에 대한 배신도 감행한 것이죠. 참으로 놀라운 광고 아닌가요?

시대 분위기를 파악하는 3가지 방법

그렇다면 시대 분위기라는, 정의하기 어려운 애매모호한 대상을 어떻게 파악해야 할까요? 생각의 가이드가 되어줄 3가지 관점을 소개하도록 하겠습니다.

1 — 비교해서 상대화한다

몇 개의 다른 집단을 특정 주제로 비교해 얻은 결과를 추상화함으로써 시대 분위기를 파악하는 건 비교적 쉬운 접근법입니다. 여기서 말하는 집단은 '특정 세대나 지역, 가치관을 통해 느슨하게 연결되어 있는 개인들의 모임'입니다.

가령 '댄스'라는 주제로 각 시대를 상징하는 집단을 비교해봅시다. 제가 고등학생이던 2010년대 초반에는 춤출 기회가 많지 않았습니다. 고작해야 학교 축제에 반 대표로 나가 인기 아이돌을 흉내 내는 정도였습니다. 댄스는 전문학원에서 전문적으로 배우는 것이라는 인식이 강했습니다.

반면 2000년대 고등학생들은 교실에서 파라파라*를 연습했고, 2020년대 고등학생들은 틱톡 등에서 밈으로 유행하는 댄스를 일상적으로 추고 있습니다.

댄스가 동질성을 가진 집단임을 나타내는 기호라 한다면, 시대에 따라 고등학생 커뮤니티가 다음과 같이 변화했다는 가설을 세울 수 있습니다.

- **2000년대**: 학교의 틀을 넘어 지역 단위로 특정 가치관을 공유하는 집단
- **2010년대**: 학교 안에서 비슷한 가치관을 공유하는 집단

---

* 유로 비트 등의 댄스 음악에 맞춰 클럽 등에서 집단으로 추는 춤. 1980년대 중반 일본에서 만들어졌다.

- **2020년대**: 다시 학교나 지역의 틀을 넘어 가치관을 전국적으로 공유하는 거대 집단

저는 이 변화의 배경에 젊은 세대 커뮤니케이션 수단의 기술 혁신이 존재한다는 가설을 세우고 있습니다. 2000년대의 커뮤니케이션 수단은 PHS 휴대폰이 대표적입니다. 통신 정보량의 제약 때문에 직접 만나 소통하는 것이 일반적이었으며, 오프라인에서 동질성을 확인하기 위한 행위로 댄스가 활용되었습니다.

2010년대에는 문자메시지와 블로그 등이 활성화되면서 온라인 공간이 사람들과 이어지는 매개가 되었습니다. 그러나 기술적 제약 때문에 텍스트와 이미지 중심으로 소통했고, 인터넷 익명성도 높았기에 댄스는 주로 유튜브 등을 통해 소비하는 대상에 머물렀습니다. 그러다 누구나 부담 없이 동영상 콘텐츠를 만들고 발신할 수 있는 2020년대가 되자, 댄스는 다시 비언어적 커뮤니케이션 수단으로서 폭넓은 기능을 하게 되었습니다.

이 분석은 제 가설에 불과하므로 다른 관점도 있을 수 있습니다. 결코 완벽하지도 않고요. 그럼에도 이렇게 특정 주제로 여러 세대(를 구성하는 집단)를 비교해 상대화해보면 시대 분위기를 읽어낼 힌트를 손에 넣을 수 있습니다.

3장_ 분위기를 언어화한다

2 — 상징적인 키워드를 파악한다

시대를 상징하는 키워드를 놓고 왜 그것이 유행하는지, 왜 상징적인지 고찰하는 것도 유익한 방법입니다.

회사를 경영하면서 대학에 다닐 때 두 바퀴 띠동갑 정도 나이가 많은 지인이 "요즘 젊은이들은 뭐하면서 놀아?"라고 물었습니다. 제가 "싸이퍼?"라고 대답했더니 그는 그게 뭐냐며 깜짝 놀랐습니다.

싸이퍼Cypher란 한자리에 모인 사람들이 돌아가면서 프리스타일 랩 등을 하는 놀이입니다. 대중적인 놀이는 아닐 수도 있지만 제 친구들은 여럿이 모이면 으레 누군가가 "싸이퍼 하자!"라고 말하고, 다 같이 비트가 흘러나오는 스마트폰을 둘러싸곤 했습니다.

지인은 제 또래들 사이에 단가*도 유행해 누군가가 자신이 지은 단가를 SNS에 올리면 다들 '좋아요'를 눌러준다는 말에도 무척 놀라워했습니다. 자신이 대학에 다닐 때 젊은 사람이 모여 한 것은 고작 마작뿐이었다고 하더군요. 저는 이 일화를 바탕으로 다음과 같은 가설을 세웠습니다.

---

* 글자 수 5 7 5 7 7의 총 31자로 구성된 일본의 전통적인 정형시

- 싸이퍼도, 단가도 순간적인 감정을 언어화하여 고정하려는 시도다.
- 자신의 감성이나 감정을 다른 사람과 공유하는 데 적극적이다.
- 장소나 물건에 대한 의존도가 낮은, 스마트폰 하나로 즐길 수 있는 놀이를 선호한다.

SNS가 일상에 스며들면서 언어를 통해 자신의 감정을 사람들에게 전달하고, 동시에 다른 사람의 생각을 들여다보는 것이 생활의 일부가 되어 이런 현상이 나타난 게 아닐까요? 싸이퍼와 단가는 상대방의 이야기를 들으면서 자기 이야기를 한다는 절묘한 거리감으로 이루어진 커뮤니케이션으로도 이해할 수 있습니다. 이를테면 일대일로 마주 보고 캐치볼을 하는 게 아니라 둥글게 둘러서서 돌아가며 공을 차는 일 대 다수의 공놀이가 덜 긴장되듯, SNS의 느슨한 커뮤니케이션에서 편안함을 느끼는 사람이 많다는 가설도 세울 수 있습니다.

여기서 얻은 키워드를 앞서 말씀드린 다른 세대와의 비교와 연결할 수도 있습니다. 예를 들어 싸이퍼는 스마트폰 하나만 있으면 되는, '장소와 물건에 대한 의존도가 낮은' 놀이입니다. 이를 통해 제가 대학생일 때는 스마트폰을 중심으로 아지트가 형성되었음을 유추할 수 있습니다. 그에 비해 마작은

3장_ 분위기를 언어화한다

특정 장소와 특정 인원이 갖추어져야 즐길 수 있어 요즘 세대에게는 접근성이 낮아 보일 수 있습니다. 하지만 지인이 대학에 다니던 시절에는 마작장이 아지트 기능을 했기에 보편적인 놀이로 사랑받았다는 시대 상황을 이해할 수 있습니다.

이렇게 각 세대를 비교해보면, 스마트폰의 보급으로 젊은 이들의 오프라인 아지트가 상설 공간에서 가상 공간으로 이동했다는 사실이 분명하게 드러납니다.

3 ― 시대 변화를 바탕으로 해석한다

이는 가장 본질적인 방법으로, 시대를 상징하는 시금석이 된 획기적인 이벤트를 바탕으로 그것들이 사회에 어떤 영향을 미쳤는지 분석하는 방법입니다. 예를 들어 2010년대 전반부터 중반까지는 동일본대지진의 충격과 재건, 도쿄 올림픽 개최가 불러온 사회 전체의 고양감, 스마트폰과 SNS 보급 등으로 새로운 시장과 사회 행동이 탄생했습니다. 결과적으로 젊은 세대가 창업과 개인 활동 등을 통해 사회와 연결되고, 과거에 비해 개인이 주목받으면서 성장을 추구하는 분위기가 형성되었습니다.

그러다 2010년대 후반에 접어들면서 '뭔가를 이루지 않으면 안 된다'라는 초조함과 그에 대한 반동으로 아등바등하지 않는 느긋함과 주류에 편승하지 않는 태도가 반영된 '칠아웃

chill out'한 분위기가 시대를 풍미하게 되었습니다.

그리고 코로나19가 덮친 2020년 이후에는 전 지구적 재난에 대한 안티테제로서 자애의 문화와 그 연장선상에서 사회적 소수자를 향한 시선의 변화, 그에 따른 정치적 올바름의 가치관이 시대를 상징하는 분위기가 되었습니다.

이와 같이 시대를 대표하는 큰 사건이나 사고가 어떻게 사회 정서에 영향을 미쳤는지(그리고 어떠한 반동을 일으켰는지) 고찰하면 시대 분위기의 큰 흐름을 가시화할 수 있습니다.

물론 '시대'나 '세대'는 다루기 어려운 개념입니다. 같은 해에 태어난 사람이라도 누구는 학창 시절부터 지속 가능성과 다양성에 관심이 많고, 누구는 머리를 밀고 길거리에서 주먹다짐을 벌이기도 합니다. ○○세대라든가 ○○시대라는 표현은 전반적인 이해를 돕는 대신 개개인의 생활 실태에 대한 이해도를 떨어뜨립니다.

그래서 저는 의식적으로 '집단'이라는 개념으로 생각하려고 노력합니다. '특정한 세대와 지역, 가치관 등을 통해 느슨하게 연결된 개인의 모임'은 시간의 흐름 속에서 다른 집단과 천천히 감응하며 변화한다는 뉘앙스를 포함하기 때문입니다. '집단'은 시대나 세대 전체를 대표하지 않지만 전체상을 다면적으로 이해하는 데 도움이 됩니다.

3장_ 분위기를 언어화한다

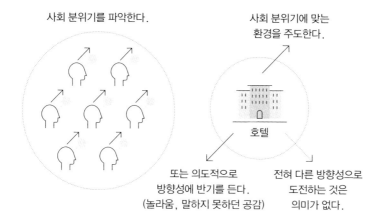

사회 분위기를 파악한다.

사회 분위기에 맞는
환경을 주도한다.

호텔

또는 의도적으로
방향성에 반기를 든다.
(놀라움, 말하지 못하던 공감)

전혀 다른 방향성으로
도전하는 것은
의미가 없다.

[사회 분위기를 파악하면 진행 방향이 결정된다]

시대 분위기는 눈에 보이지 않습니다. 신문이나 온라인 기
사에 쓰여 있는 것도 아닙니다. 누구도 알아차리지 못해 언
어화되지 않은 분위기를 재빨리 읽어내 사업에 반영하면 독
자적인 가치를 제안할 수 있습니다. 시대의 흐름을 읽고, 사
회 분위기에 맞는 사업과 커뮤니케이션을 함으로써 사회의
움직임을 주도할 수 있습니다. 또는 일부러 사회 분위기와 정
반대에 있는 것에 도전해 놀라움과 잠재적 공감, 지지를 얻을

수도 있습니다. 시대 흐름으로 분위기의 변화를 읽어내고 한 걸음 앞서나가는 것은 중요한 준비 작업입니다.

지역 정서를 언어화한다

분위기를 언어화할 때 또 한 가지 중요한 것은 지역의 감각적인 분위기를 읽어내는 기술입니다. 이는 문제를 해결하고자 하는 분야나 자산에 따라 구분해 사용하는 것이 좋습니다. 지역 활성화 관련 비즈니스나 점포형 비즈니스(관광, 음식, 소매업 등)라면 더 효과적이겠죠. 호텔업을 하는 저희에게는 당연히 사업의 성패를 가르는 생명줄이라 할 수 있습니다.

앞서 '호텔이란 투숙객과 지역을 연결하는 미디어'라는 제 나름의 호텔관을 이야기했습니다. 지역이 매력적이기에 또는 호텔이 매력적이기에 사람들이 방문합니다. 그렇게 지역에 사람의 흐름이 생기고 경제가 돌아갑니다.

호텔을 개발할 때는 호텔에 지역의 특성을 어떻게 부각시키느냐가 무척이나 중요합니다. 따라서 지역 정서를 정의하고 재해석해 전달하기 쉬운 체험 형태로 만들어내는 과정을 반드시 거쳐야 합니다. 아주 유명한 관광지가 아닌 다음에야 "이 거리의 장점을 느껴보세요"라며 여행자에게 해석을 통째

로 떠넘기거나 "편안한 방을 준비했습니다"와 같은 추상적이
고 당연한 가치만 제공해서는 사람들에게 어필할 수 없기 때
문입니다.

저는 직업상 지방에 사는 사람들과 이야기를 나눌 기회가
많습니다. 그런데 "당신이 살고 있는 지역의 매력은 무엇입니
까?"라고 물어보면 돌아오는 대답은 대체로 '풍요로운 자연',
'맛있는 식사', '따뜻한 사람들' 정도로 정리됩니다. 죄송한 말
이지만, 이런 대답이야말로 고향에 대한 흥미를 떨어뜨린다
고 생각합니다.

생각해보세요. 지방에 방문했을 때 자연이 풍요롭지 않은
곳이 있었나요? 바다는 난류와 한류가 교차하고, 땅은 산이
험하고 물이 풍부한 풍요로운 자연환경을 품고 있습니다. 그
런 환경 때문에 섬세한 식문화가 싹트고, 다른 사람과의 협력
을 중요하게 생각하는 기질이 생겨나지 않았을까요?

자연, 음식, 사람이라는 매력은 일본의 모든 지방에 어느
정도 보편적으로 존재하는 요소이기에 차별화된 강점이 되
기 어렵습니다. 그것보다는 구체적으로 그런 요소의 근원을
이루는 지역의 독자성과 분위기를 언어화해 브랜드 이미지
를 부여해야 합니다.

여기서 말하는 브랜드 이미지는 여행자(혹은 생활자)가 머
릿속에 공통적으로 떠올리는 이미지를 가리킵니다. 예를 들

어 '가보고 싶은 여행지는?'이라고 했을 때, 가장 먼저 떠오르는 장소는 이미 확고한 이미지가 확립되어 있는 경우가 많습니다. 오키나와라면 '푸른 바다와 하얀 해변', 홋카이도라면 '넓은 대지에 펼쳐진 초원 또는 설원', '치즈, 와인, 양과자 등의 특산품'처럼 말입니다.

브랜드 이미지와 소비 행동은 밀접하게 연결되어 있습니다. 에르메스 가방이 잘 팔리는 이유는 제품의 질과 기능성이 뛰어나기 때문만은 아닙니다. 에르메스라는 브랜드가 지닌 헤리티지, 즉 장인정신과 창의성 그리고 그것을 사랑한 유명인들의 이미지 때문에 상당히 고가임에도 불구하고 특별한 소비 체험을 위해 구매하는 것입니다. 제품이나 브랜드 이미지가 구매를 뒷받침하는 주요 요소라는 사실은 모두가 실감하실 겁니다.

'장점'이 아니라 '차이'가 무엇인지

거리와 지역 역시 브랜드 이미지가 핵심입니다. 지역으로 사람들을 끌어들이려면 가장 먼저 해당 지역의 브랜드 이미지를 확립해야 합니다. 사람은 무의식중에 제품이나 서비스에 대해 어떤 '이미지'를 가지고 있습니다. 이미지가 흐릿한 제품이나 서비스는 애초에 흥미를 유도하는 것조차 쉽지 않습니다.

3장_ 분위기를 언어화한다

관광지도 '이미지 디자인'을 적절하게 수행해야 소비자의 관심을 불러일으키고 행동으로 옮기게 할 수 있습니다. 그런 의미에서 지역의 브랜드 이미지를 고안할 때는 자연, 음식, 사람이라는 보편적 매력이 아니라, 그 근원이라 할 수 있는 해당 지역만의 개성과 정서를 찾아내 '어떤 특성이 있는지'를 발견해 언어화하는 것이 중요합니다. 특이성이 있다면 풍요로운 자연이 아니라 지극히 인공적인 장소도 관광자원이 될 수 있겠죠(가와사키 공장 지대의 야경 등). '식사가 별로다'라는 일반적인 평가조차 오히려 매력으로 활용할 수 있습니다(영국 여행의 묘미라고도 할 수 있죠). 현지인들이 상냥하지 않아도 괜찮습니다. 조금 심술궂은 교토 사람을 만나 특유의 빈정거리는 화법*을 듣는 것도 교토다움을 실감하는 좋은 추억이 되지 않을까요?

이러한 발상에서 출발해 지역의 브랜드 이미지를 어떻게 언어화하고 실행에 옮기는지, 저희의 사업 스토리와 함께 알려드리겠습니다.

---

* 간접적이고 암시적인 표현을 주로 사용하며 돌려 말하는 교토 지역의 화법

지역의 역사를 파고든다: 오사카 벤텐초의 매력

우선 정공법은 '지역의 역사나 스토리를 파고든다'입니다. 이 세상에 지형과 특성이 똑같은 곳은 없습니다. 지형이 다르면 기후가 변하고, 기후가 다르면 풍토가 변하고, 풍토가 다르면 그곳에 사는 사람의 기질이 변하고, 기질이 다르면 문화가 변합니다. 그런 의미에서 모든 장소에는 고유한 역사가 만들어내는 그 지역만의 개성이 존재합니다.

'호텔 쉬 교토'를 개업한 2016년, 저희는 오사카에서 또 다른 호텔을 준비하고 있었습니다. 오사카를 샅샅이 뒤져 찾아낸 장소는 시내 중심부가 아닌, 흔히 '베이 에어리어'라 불리는 항만 지대에 자리한 JR 순환선의 '벤텐초'라는 역 부근이었습니다. 오사카 사람들에게 이곳은 순환선을 타고 통과하는 역이라는 인상이 강해 기본적으로 호텔이 있을 법하다는 이미지가 전혀 없었죠.

그런데 거리를 직접 걸어보니 그런 인상과는 크게 달랐습니다. 과거 일본의 고도 경제성장을 지탱하며 번성했던 항구 도시에는 붉은 벽돌 창고 거리와 조선소, 녹슨 컨테이너, 크레인이 즐비했습니다. 공업 도시 특유의 메탈릭하고 애수 어린 분위기와, 밤새워 일한 항만 노동자들을 위해 이른 아침부터 영업하는 목욕탕과 선술집, 식당이 풍기는 인심 좋은 분위기가 공존하는 지역이었습니다. 벤텐초의 이런 정서를 호텔에 담아내고 싶다는 생각이 들었습니다. 그때 머릿속에 '옛 산업의 자취가 남아 있는 감수성 넘치는 항구 도시'라는 표현이 떠올랐습니다.

지역 정서를 언어화하려면 영감을 발전시켜 오감에 호소하는 표현에 담아냄으로써 풍경이나 감각, 감수성 등을 불러일으키게 만들어야 합니다. 레트로, 글래머러스 등 지역의 느낌을 다양하게 표현하다 최종적으로 도달한 문구는 '인더스트리얼 섹시'였습니다. 대조적인 느낌을 주는 '인더스트리얼'과 '섹시'라는 단어를 연결한 것이죠. 그러자 공업 도시가 가진 녹슬고 거친 매력 속에 사람들의 눈길을 사로잡는 풍경이 펼쳐지는 독특한 분위기가 연상되었습니다.

이러한 세계관을 표현한 키비주얼로 콘크리트가 그대로 노출된 건축 현장에 더블베드를 가져다 놓고, 인기 모델 루코를 섭외해 사진 촬영을 진행했습니다. 공업적으로 느껴지는 벤텐초에 풍요로움과 요염함이 느껴지는 호텔이 탄생한다는 메타포였습니다.

이렇게 선보인 '호텔 쉬 오사카HOTEL SHE, OSAKA'의 키비주얼은 이례적인 반향을 일으켰습니다. 호텔답지 않은 어두운 비주얼도 높은 평가를 받았습니다. 감사하게도 많은 분들이 "나를 위한 호텔"이라고 말하기도 했죠.

지역 분위기를 숙박 체험에 반영한다

'인더스트리얼 섹시'라는 언어화는 한층 발전된 크리에이티브 점포로 이어집니다. 저는 항만 지구 오사카의 역사가 축적된 음지와 양지의 풍경 그리고 그곳에 살고 있는 사람들의 사랑스러움과 강인함을 하룻밤만 머물고 떠나는 여행자들에게 어떻게 전달해야 할지 고민하고 또 고민했습니다.

그러던 어느 날, 한 친구가 "인턴으로 일하는 회사에서 레코드 정기 구독 서비스를 시작하는데, 호텔에 홍보용 레코드 플레이어를 설치해줄 수 있을까?"라고 물었습니다.

'정기 구독 전성기에 아날로그적인 레코드플레이어를?'

그러다 문득 개인적인 추억이 머릿속에 떠올랐습니다. 시모키타자와의 목조 아파트에서 애인과 함께한 겨울의 일이었습니다. 크리스마스이브에 애인이 제게 레코드플레이어를 선물했습니다. 저도 나름대로 음악을 좋아하고 유행에도 민감한 대학생이었지만, 레코드플레이어는 만져본 적이 한 번도 없었습니다. 제 머릿속에 레코드플레이어는 지나간 시대의 음악 재생 장치였습니다. 그것이 제 공간에 존재하리라고는 꿈에도 생각하지 못했죠.

레코드 바늘을 내려놓자 거칠고 풍성한 음색이 흘러나왔습니다. 그날 밤부터 우타다 히카루의 LP를 틀어놓고 잠드는 것이 습관이 되었습니다. 그 후 항상 지나다니는 시부야 도로

변에 레코드 가게가 있다는 사실을 떠올렸고, 레코드의 바다에서 가지고 싶었던 음반을 찾아내면 "발굴했다"라고 말한다는 사실도 알게 되었습니다. 그러다 친구들과 대학 캠퍼스에서 음악 행사를 기획하게 됐고, 어느새 저도 기자재를 사들이고 DJ 네임을 받아 소소하게 음악 활동을 시작하기에 이르렀습니다.

어떠한 이질적인 대상이 내 사적인 공간에 존재하면, 그것이 때때로 인생이라는 방에 새로운 바람구멍을 뚫어줍니다. 구멍 너머로 살짝 보이는 풍경이 아름답게 느껴지면, 바람구멍은 이내 창문이 되고 문이 됩니다.

그런 의미에서 크리스마스이브에 선물받은 레코드플레이어는 제 인생의 문을 열어준 작은 바람구멍이었습니다. '반은 사적이고 반은 공적인 호텔'이라는 공간이라면, 생활 속에 이질적인 대상이 존재하는 체험을 재현할 수 있다는 사실을 깨달았습니다.

어떻게 보면 레코드는 잊힌 존재입니다. 카세트테이프에 밀리고, CD에 밀리고, 유튜브에 밀리고, 정기 구독에 밀리다가 정신 차려보니 창고 안에서 먼지를 뒤집어쓰고 잠들어버린 공산품입니다. 하지만 먼지를 털어내고 전원을 켜 바늘을 내려놓으면, 사랑스럽고 그립고 아름다운 음악을 연주하기 시작합니다. 이런 점에서 레코드라는 존재는 벤텐초의 역사적 이미지와 오버랩되는, 그야말로 '인더스트리얼 섹시' 그 자체였습니다.

저는 모든 객실에 레코드플레이어를 설치했습니다. 로비에서 레코드판을 빌려 자유롭게 음악을 즐기는 숙박 체험은 금세 화제가 되었습니다. 오사카 변두리 항만 지구의 호텔이 시도한 아날로그적 전략은 지역 분위기와 하나 되어 '여기가 아니면 경험할 수 없는' 유일무이한 숙박 체험을 만들어냈고, 저는 '선택할 가치가 있는' 호텔 브랜드를 키워나갈 수 있었습니다.

비슷한 장르의 다른 지역과 비교한다

지역의 개성을 드러내기 위한 또 하나의 방법은 '비슷한 장르의 다른 지역과 비교하기'입니다. 앞서 소개한 집단 비교와 비슷한 접근 방식이지만, 이는 확실한 강점과 지명도를 가지지 못한 지역에도 효과적인 방법입니다.

유가와라가 어떤 곳인지 아시나요? 도쿄 하코네보다 내륙에 자리한 온천지입니다. 일본의 대표적인 온천지들과 비교하면 유명세에서 좀 밀리는 터라 방문해본 사람은 많지 않을 것입니다. 저희가 이곳의 분위기를 어떻게 언어화해 가치를 부여했는지 말씀드리겠습니다.

'호텔 쉬 오사카'를 개업한 지 보름도 지나지 않았을 무렵, 지인으로부터 유가와라의 온천 료칸을 운영해보지 않겠냐는 제안을 받았습니다. 이야기는 순조롭게 진행되어 몇 개월 뒤에 그곳을 인수했습니다.

솔직히 말씀드리면, 그전까지 '유가와라' 하면 떠오르는 이미지는 '과거 인턴으로 일했던 회사의 바람둥이 선배가 여자친구와 여행을 갔던 장소' 정도였습니다. 이해도가 높지 않은 지역이라 료칸 직원들에게 지역에 대해 물어봤습니다. 그러자 그들은 입을 모아 "유가와라에는 아무것도 없어요"라고 이야기하더군요. 그곳에서 나고 자란 한 아르바이트생은 "유가와라에는 관광지가 없어요. 특산품도 귤과 전갱이뿐이에요"라며 투덜거렸죠.

현지인조차 '아무것도 없다'고 말할 정도라니, 유가와라의 개성은 대체 무엇일까요? 현지인은 물론 주변의 다양한 사람들에게 물어봤지만, 얻은 수확이라곤 '정치인이 불륜 상대와 올 것 같다'라는 감상과 '예전에 대문호 나쓰메 소세키와 시마자키 후지무라가 머물렀다'는 정보뿐이었습니다. 그러다 사고의 전환점이 된 것은 유가와라에서 만난 택시 운전기사가 내뱉은 한마디였습니다.

"아타미나 하코네랑은 다르지. 유가와라에는 1박에 15만

엔이나 하는 독채 료칸이 엄청 많다고. 그런 곳은 아내랑은 안 가잖아."

처음에는 사람들이 이런 말을 해도 곧이곧대로 믿지 않았습니다. 하지만 택시 운전기사라면 틀림없이 수많은 애정 행각을 목격했을 것이라고 생각하니 갑자기 신빙성이 높아졌습니다.

실제로 유가와라와 아타미는 전철로 불과 6분 거리이지만, 두 역의 이미지는 크게 다릅니다. 아타미는 예로부터 사원 연수와 신혼여행 등으로 늘 북적였습니다. 그래서 대규모 호텔이 늘어서 있죠. 해변은 정비되어 있고, 상점가는 여행객으로 넘쳐나고, 비보관秘法館*이나 로프웨이 등의 관광 시설도 들어서 있습니다. 유가와라에서 버스로 20분 정도 떨어진 하코네도 미술관 등의 문화 시설이 풍부하고 연인이나 가족이 방문하는, 오랜 역사를 자랑하는 유명한 숙소가 많습니다.

하지만 유가와라 역 앞은 이렇다 할 상점가나 문화 시설이 없어 한산합니다. 관광지라고는 가마쿠라 막부의 초대 쇼군 미나모토노 요리토모가 겐페이 전투 때 몸을 숨겼다는 동굴

* 어른들의 '성과 사랑'을 주제로 하는 관광 시설. 18세 미만은 입장할 수 없다.

3장_ 분위기를 언어화한다

정도밖에 없죠. 숙박 시설은 역 앞이나 큰길가가 아니라 사람들의 눈에 띄지 않는 장소에 위치한 경우가 많고, 대규모 호텔은 거의 없습니다.

유가와라라는 프레임으로만 지역을 이해하려 하면 아무래도 시야가 좁아지고 윤곽이 흐려집니다. 다른 지역과 비교함으로써 상대화할 때 비로소 지역 분위기가 선명하게 보이기 시작합니다.

- 아타미 = 신혼여행지, 사원 연수지, 해변, 비보관 등
- 하코네 = 전통적인 관광지, 미술관 등 풍부한 문화 시설 등
- 유가와라 = 불륜 여행, 문호, 만엽집万葉集, 너구리의 전설 등

지역의 특성을 비교해보면 다음과 같은 점들을 알 수 있습니다. 아타미가 신혼여행과 사원 연수처럼 자신의 사회적 신분을 재확인하는 '공적인 온천지' 또는 비일상적인 체험을 즐기는 '비일상의 온천지'라면, 유가와라는 사회적 맥락에서 벗어나 자신의 세계에 틀어박히는 '사적인 온천지'이자 '일상적인 온천지'라 할 수 있습니다.

이렇게 생각하면 '유가와라에는 아무것도 없다'라는 이미지도 설명할 수 있습니다. 유가와라는 도시의 번잡함과 속박에서 벗어나 자기만의 시간과 공간을 즐기러 오는 곳입니다.

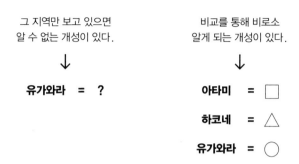

그 지역만 보고 있으면
알 수 없는 개성이 있다.

↓

유가와라 = ?

비교를 통해 비로소
알게 되는 개성이 있다.

↓

아타미 = □

하코네 = △

유가와라 = ○

[다른 지역과 비교하면 이미지가 선명해진다]

그러니 돌아다니며 구경하는 관광지가 필요하지 않고, 숙소
와 음식점은 중심지에서 떨어진 조용한 장소에 있는 편이 좋
습니다. 그런 여행을 특산품인 귤과 전갱이를 선사하는 사가
미만의 온난한 기후와 너구리가 온천을 발견했다는 살짝 어
설픈 전설처럼 따뜻하고 소박한 분위기가 둘러싸고 있습니
다.

저는 유가와라의 그런 분위기를 '유고모리(온천 칩거)'라고
언어화했습니다. 하지만 그것만으로는 웬지 평범하고 멋지지
않은 것 같아 더 고민하다 '유가와라 칠아웃'이라는 캐치 카

3장_ 분위기를 언어화한다

피를 만들고, 이 카피를 발판으로 료칸의 브랜딩과 숙박 기획을 실행했습니다. (자세한 내용은 4장에서 소개하겠습니다.)

이렇게 다른 지역과 비교하며 넓은 시야에서 상대화하고 언어화하면 해당 지역의 독자성을 부각시킬 수 있습니다.

지명과 풍경에서 연상한다

지금쯤 '그래도 유가와라는 나름의 문화적 배경을 가지고 있는 관광지잖아. 지명도가 전혀 없어 비교 대상도 찾기 힘든 지역은 어떻게 해야 하지?'라고 생각한 분들도 있을 것입니다. 그런 경우에는 풍경과 지명에서 연상하는 방법을 추천합니다.

'호텔 쉬 오사카'의 개업을 준비하고 있을 때 홋카이도 소운쿄 온천 지역에 있는 온천 호텔의 사업 승계 프로젝트가 들어왔습니다. 소운쿄 온천은 홋카이도 중앙에 위치한 다이세쓰산 산자락에 자리하고 있습니다. 우뚝 솟은 절벽과 일본에서 가장 빨리 단풍이 드는 곳으로 유명하죠. 일본의 거품경제가 절정이던 시기에 지어진 50실의 호텔은 여행객과 등산객으로 붐비던 과거의 영광을 간직한 채 조용히 쇠퇴하고 있었습니다.

솔직히 저도 후라노에서 사업을 시작하기 전에는 소운쿄라는 지역을 잘 알지 못했습니다. 아사히카와에서 도토 자동차도 방향으로 빠져나가는 경로에 있어 대형 관광버스를 이용하는 외국인 관광객들이 하룻밤 묵어가는 정도인 듯했습니다. 많은 사람이 이름조차 들어본 적 없는 이곳을 어떻게 찾아오게 만들지, 매우 어려운 과제를 맡은 것입니다.

지명은 브랜드명이고 풍경은 포장입니다. 그렇다면 지명도가 낮은 지역의 이미지를 구체화할 때는 유가와라처럼 사람들의 잠재의식 속에 존재하는 심상 풍경을 언어화하는 방법이 아니라, 최대한 브랜드명(지명)과 포장(풍경)이 자연스럽게 어울리도록 이미지를 만드는 것이 효과적입니다. 지명이 주는 이미지와 풍경이 주는 이미지를 언어화하면서 공통 요소를 찾는 것이죠.

소운쿄라는 지명이나 풍경에 담긴 요소, 그런 요소들에서 얻을 수 있는 이미지를 적어보면 다음과 같습니다.

지명

- 소운쿄層雲峽: 구름이 층을 이루고 있는 협곡
- 카무이 민타라(아이누어): 신들이 노는 정원(곰이 있는 장소)
- 구모이 폭포: 궁중에 출입하는 귀족들이 머무는 장소, 궁중
- 날개옷 폭포: 선녀 전설, 신선 사상

풍경

- 주상절리 협곡
- 짙은 녹색의 자작나무 숲
- 낮은 구름
- 온천의 수증기
- 하얀 실처럼 보이는 폭포
- 주위를 걸어 다니는 에조 사슴
- 구로다케黑岳 산에 사는 곰

이렇게 직접 적어보면 소운쿄라는 지역은 수증기가 자욱해 희미하게 보이는, 왠지 모르게 신비롭고 동양적인 분위기의 장소라는 것을 알 수 있습니다. 제 친구들은 "마치 신선이 살고 있을 것 같아"라고 말했습니다. 정말 고귀한 누군가의 심부름꾼이 불로불사의 묘약을 찾아 헤매다 도달한 별세계 같은 곳입니다.

그렇게 저희는 '수증기에 둘러싸인 유토피아'라는 캐치 카피를 고안했습니다. 그리고 웰니스Wellness에 대한 관심이 높아지고 있다는 사회적 배경과 과거 홋카이도 각지의 농가에서 온천 치료를 위해 소운쿄를 방문했다는 역사적 배경을 파악하고 '동양의학의 요양 리트리트(일상에서 벗어난다는 의미)'로 숙박 콘텐츠를 설계했습니다.

'아유르베다'는 5,000년이 넘는 역사를 자랑하는, 세계에서 가장 오래된 전승의학입니다. 스리랑카에는 외국인 여행자에게 아유르베다에 근거한 식사와 시술을 제공하는 장기 체재형 리조트 시설이 있습니다. 체질을 개선하기 위해, 도시에서 쌓인 피로를 풀기 위해 전 세계에서 여행자들이 방문하고, 몇 주 동안 그곳에 머문다고 합니다.

문득 '동아시아에는 아유르베다에 필적하는 의학이 없을까?'라는 의문이 들었습니다. 한방약, 약선식, 침과 뜸, 도수 치료 등의 문화는 전 세계적으로 가치 있는 문화 체험입니다. 도시에서 벗어나 수증기가 피어오르는 미지의 온천에서 동양의학 사상을 토대로 심신을 치유하고 회복하는 체험을 제공하면 어떨까? 저는 그것이 일본의 새로운 관광 자원이 될 수 있다는 확신이 들었습니다.

이에 본고장의 아유르베다 시설을 벤치마킹해 투숙객이 체크인을 마치면 한의학 전문가가 문진과 체질 진단을 시행하고, 체질에 맞게 개인 맞춤형으로 식사를 제공하며, 몸 상태에 따라 한방약을 처방할 수 있도록 설계했습니다. 저는 그렇게 소운쿄의 온천 호텔을 '동양의학의 요양 리트리트'로 리뉴얼했습니다.

호텔에서는 매일 전문가의 침과 뜸, 도수 치료사의 시술, 명상 워크숍, 쑥 찜질 등을 체험할 수 있습니다. 온천은 삼나

3장_ 분위기를 언어화한다

무, 술지게미, 무 등으로 계절이나 효능에 따라 변화를 주었습니다. 정말이지 요양에 각별히 신경을 쓴 서비스를 전개했죠. 50실이었던 객실은 10실로 줄여 체험 가치를 높이고 객단가를 올렸습니다. 또한 체재 일수를 길게 설정해 직원들의 투숙객 대응과 청소 작업량을 줄였습니다. 그렇게 얻은 여유는 다시 서비스로 환원했습니다. 4박 5일 이상으로만 이용할 수 있는 예약 장벽이 높은 숙박 플랜이었지만, 반응은 예상보다 훨씬 좋았습니다.

인테리어를 새로 한 것도, 직원 수를 늘린 것도 아닙니다. 대대적으로 투자하지 않아도 지명이나 풍경을 단서로 새로운 이미지를 만들어내면 숙박 체험의 가치를 바꿀 수 있다는 사실을 실감한 경험이었습니다.

'땅끝에 자리한 여행의 오아시스'가 탄생하기까지

지역 분위기를 언어화하는 종합적인 사례로 개업 3년 만에 '호텔 쉬 교토'를 전면 리뉴얼했던 경험을 말씀드리겠습니다. 이때도 저는 호텔이 히가시쿠조에 존재하는 의미를 깊이 고민하면서 지역 분위기를 컨셉에 녹여냈습니다.

교토처럼 세계적으로 인지도가 높고 오랜 세월 관광지로

번창해온 지역일수록 '교토=역사와 전통, 절과 신사, 말차, 마이코舞妓**'처럼 선입견으로 굳어진 이미지에 젖어 있는 경우가 많습니다. 지나간 시대의 여행 팸플릿 같은 이미지죠.

물론 이렇게 정형화된 이미지는 지금도 전 세계 사람들의 마음을 사로잡으며 고객을 유치하고 있습니다. 그러나 지나치게 상업화된 브랜드 이미지가 지역의 실태와 맞지 않는 측면도 있습니다. 실제로 대부분의 교토 사람은 하나마치花街**에서 놀지 않고, 고전적인 무늬의 기모노도 입지 않습니다. 오히려 서양식 식문화의 역사가 깊어 커피와 빵, 케첩 소비량은 일본 내에서 1위를 차지하고 있죠.

그런 만큼 비대해진 '지역 브랜드 이미지'를 조금씩 벗겨내고, 그 밑바닥에 존재하는 교토라는 지역의 분위기를 숙박 체험에 반영하고 싶다는 생각을 전부터 가지고 있었습니다.

교토의 히가시쿠조에서 호텔을 경영하는 의미를 언어화하는 작업은 무척 어려웠습니다. 교토도, 히가시쿠조도 선뜻 풀어내기가 쉽지 않은 지역입니다. 그래서 저는 먼저 복잡한 질문을 단순한 질문으로 인수분해해 생각해보기로 했습니다.

---

* 　게이샤(芸者)가 되기 전 수습 과정에 있는 예비 게이샤
** 　주로 게이샤의 춤과 예능을 즐길 수 있는 유흥가를 가리킨다.

- 교토는 어떤 지역인가.
- 히가시쿠조는 어떤 지역인가.
- 호텔이란 무엇인가.

1 ─ 교토는 어떤 지역인가

교토는 세계적으로도 손꼽히는 1,000년 이상의 역사를 자랑합니다. 수많은 귀중한 문화유산이 사람들의 생활권 안에 남아 있는, 일본의 정신적 기반과도 같은 곳이죠. 한편으로는 대학이 많아 젊은이들의 청년 문화가 발달했고, 독특한 모라토리엄 분위기 속에서 다양한 음악과 예술이 탄생하고 있습니다. 교토는 바라보는 관점에 따라 다양한 해석이 존재하는 다채로운 곳입니다.

바둑판 모양으로 구획된 시가지에서 '질서정연한 도시'라는 인상을 받는 사람도 많습니다. 하지만 저에게 교토는 왠지 혼란스러운 거리로 다가옵니다. 다양한 이율배반적 요소, 다시 말해 새로운 것과 오래된 것, 동양과 서양, 정결한 것과 혼탁한 것, 저승과 현세 등이 오랜 역사를 거치며 쌓여 퇴적층의 무늬를 그리고 있는 것처럼 느껴집니다.

2 ─ 히가시쿠조는 어떤 지역인가

저는 중학교로 올라가던 봄에 도쿄에서 교토로 이사를 왔습니다. 진학한 중학교는 교토 시내뿐 아니라 간사이 여러 지역의 학생들이 다니는 곳이었죠. 그곳에서는 '어디에 살고 있는가'가 무척 중요한 문제였습니다. 교토부 밖인지 안인지, 교토시 밖인지 안인지, 교토 시내라면 흔히 말하는 교토인지 아닌지.*

누가 어디에 살고 있는지는 친구들 사이에서 흔한 놀림거리였습니다. 당시 저는 나나조 카와라마치라는 곳에 살고 있었는데, 한 친구가 "괜찮아! 나나조까지는 교토니까"라고 말한 것이 지금도 생생하게 기억납니다.

2016년에 '호텔 쉬 교토'를 개업했을 때 한 친구가 "히가시쿠조는 땅끝이잖아. 갈 일이 없지"라고 말했습니다. 취재를 하기 위해 방문한 어떤 사람은 "교토와 교토가 아닌 곳을 구분하는 기준으로 교토역이 있는데, 왜 하필이면 이런 곳에 호텔을 열었어요?"라고 물었습니다.

'호텔 쉬 교토'의 소재지 히가시쿠조는 교토역에서 가라스마도리 도로를 따라 남쪽으로 도보 10분 거리에 있습니다. 가장 가까운 지하철역은 구조역입니다. 이곳에는 사무용 건물

---

* '간사이'는 일본 혼슈의 서쪽에 위치한 교토부와 오사카부 등을 포함하는 지역이다. '교토부'는 15개 시와 6개 군 등으로 구성되어 있으며, 부청 소재지는 '교토시'다.

이 없고, 주택이나 점포도 많지 않아 구조역에서 내릴 일이 거의 없을지도 모릅니다.

히가시쿠조는 복잡한 역사를 가지고 있습니다. 이곳은 교토역과 가까운데도 '흔히 말하는 교토'에는 들어가지 못하는, 북쪽으로 교토 타워를 올려다보는 지역이죠. 이 지역에서 사업을 운영하면서 사람들의 차가운 시선과 말을 수도 없이 마주했습니다. 물론 그들에게는 악의가 없었을지도 모릅니다. 하지만 전 지역에 대한 애정과 존중이라곤 찾아볼 수 없는 시선을 어떻게든 바꾸고 싶었습니다.

3 ─ 호텔이란 무엇인가

저에게 호텔의 원풍경은 호텔 그 자체가 아니라 호텔로 향하는 여정인 것 같습니다. 차에서 내리는 순간을 그토록 기다렸던 어스름하고 황량한 미국의 고속도로 주변 풍경, 추운 날씨에 무거운 여행 캐리어를 끌며 비즈니스호텔을 찾아 스산한 빌딩가를 걸어가던 밤길, 피로와 지루함 속에서 '과연 도착할 수 있을까'라는 일말의 불안을 안은 채 그곳에 목적지가 있다고 믿으며 계속 걸어간 신기루 속 안녕의 땅….

숙박업은 세계에서 가장 오래된 직업 중 하나라고 합니다. 여행지에서 숙소에 머물며 지친 몸을 회복시키고자 쉬는 것은 인류의 원초적 행위일지도 모릅니다. 험준한 산길에 녹초가 된 유럽 순례자들이 찾아가 보살핌을 받았다는 수도원부터 참배를 위해 멀리서 방문한 귀족과 서민을 돌봤다는 숙방 宿坊, 물건을 짊어진 낙타를 이끌고 끝없는 사막길을 여행하는 상인들을 맞이하는 오아시스 도시의 카라반사라이*까지. 그곳에 쉴 수 있는 곳이 있었기에 사람들은 한 걸음 한 걸음 앞을 향해 나아갔을 것입니다. 그곳에 호텔이 있었기에 인구가 늘어나고 가게가 늘어나고 이윽고 도시가 된 것입니다. 황야에 사람들의 흐름을 창조하고, 지역을 풍요롭게 만드는 오아시스 같은 존재가 바로 호텔입니다.

이런 생각을 가지고 교토를 남북으로 관통하는 가라스마 도리에 서 있는 '호텔 쉬 교토'를 다시 바라보자 유년기에 미국 횡단 여행에서 본 고속도로 길가 모텔의 풍경이 오버랩되었습니다. 황량한 대지를 일직선으로 관통하는 고속도로와 갑자기 나타난 모텔 하나. 먼 길을 달려온 여행자들이 휴식을 취하고, 다시 먼 여행을 떠날 수 있는 안식처. 그렇게 짧은 안식을 선사하는 공간은 다양한 이야기를 만들어낼 가능성을 숨기고 있습니다. 사막에서 모습을 드러내는 오아시스 도시처럼, 사람들이 모여드는 목적지가 되어 새로운 문화가 싹트

---

*   중앙아시아와 서남아시아 지방에 있던 상인들의 숙박소

3장_ 분위기를 언어화한다

는 장소가 될 수 있습니다.

1970년대 명곡인 이글스의 '호텔 캘리포니아' 이미지와도 겹칩니다. 사막의 고속도로를 달리는 차 안, 달콤한 코리타스 (선인장, 마약의 은유) 향기에 정신이 아득해져 고속도로 길가 호텔에 차를 세웁니다. 호텔 안은 인상 좋은 직원과 투숙객들로 북적이면서 편안한 시간이 흐르고 있습니다. 하지만 사실 그곳은 쾌락주의자들이 모이는 호텔입니다. 체크아웃을 해도 떠날 수 없습니다. 그런 염세적이고 달콤하고 퇴폐적인 세계관을 노래한 명곡이 '호텔 쉬 교토'의 세계관과 연결되는 듯한 느낌이 들었습니다.

그렇게 '호텔 쉬 교토'는 '땅끝에 자리한 여행의 오아시스'라는 캐치 카피에 도달하게 되었습니다. 지역 분위기를 언어화할 때는 심상 풍경에서 유래하는, 사람들에게 전하고 싶은 마음을 함께 담아내는 것도 중요합니다.

지역민의 자긍심을 높여주는 지역 브랜딩

'호텔 쉬 교토'를 개업하고 얼마 지나지 않았을 때, 현지인에게 이런 말을 들었습니다.

"이 호텔이 생기기 전에는 이 길이 정말 어두웠어요. 호텔이 생기고 사람들이 많이 오가니 다니기가 너무 좋아졌어요."

그의 말처럼 이곳은 개업을 하기 전에는 무척이나 한산했습니다. 하지만 지금은 흥겨운 분위기를 풍기는 젊은이들이 여행 캐리어를 끌며 즐겁게 걸어가는 거리가 되었습니다.

'호텔 쉬 오사카'를 개업했을 때도 마찬가지였습니다. 벤텐초에서 나고 자랐다는 중년 여성이 "친구에게 우리 동네에 세련된 호텔이 생겼다고 자랑하러 왔어요!"라고 말하며 호텔에 들어와 커피를 주문했습니다. 푸른색 벨루어 소파에 앉아 "너무 멋지다"를 연발하며 커피를 마시는 그들을 보니 기분이 좋았습니다.

사람은 누구나 자신의 고향, 자신이 사는 곳에 애정을 느끼고 싶어 합니다. 하지만 다양한 요인(낮은 지명도, 빈약한 콘텐츠, 부족한 지역 이미지 등) 때문에 좀처럼 그 바람을 이룰 수 없거나, 애정이 있어도 말로 설명하지 못하는 경우가 적지 않죠. 저는 지역 이미지의 부재가 그곳에 사는 사람들의 자기 긍정감에도 영향을 미친다는 사실을 실감하고 있습니다.

아타미는 한때 사람들의 발길이 끊겨 폐허가 되어갔습니다. 하지만 요즘엔 쇼와 시대(1926~89년)의 정서를 즐길 수 있는 관광지로 각광받고 있습니다. 그 원동력을 만들어낸 인물은 사업가 이치키 고이치로입니다. 그는 자신의 저서《아타미의 기적》에 인상적인 에피소드를 소개했습니다.

　　　　　　　　　　3장_ 분위기를 언어화한다

거품경제가 붕괴한 후, 아타미는 내리막길을 걸었습니다. 주민들도 의기소침해져 "아타미에는 아무것도 없다"라고 말했습니다. 지역에 대한 애정과 긍지가 흔들리고 있었죠. 그런 상황에서 도쿄에서 귀향한 이치키는 주말마다 현지인들을 대상으로 아타미 지역의 레트로한 카페와 주점을 돌아보는 투어를 기획했습니다.

이 투어의 진짜 목적은 아타미 사람들의 사고방식에 변화를 일으키는 것이었습니다. 지역 주민들은 그와 함께 '아무것도 없는 거리'에 있는 '평범한 가게'라고 생각해 거들떠보지도 않고 지나치던 장소에 실제로 찾아가 체험을 해보았습니다. 덕분에 그들은 지역의 가치를 점점 알아가게 되었고, 마음속에 '어쩌면 아타미는 매력적인 곳일지도 몰라'라는 희망과 기대가 싹텄습니다. 열정이 조금씩 커지자 그들의 마음에는 자긍심이 가득 차올랐습니다. 그리고 그것은 지역에 변화를 일으키는 토대가 되었습니다.

그런 의미에서 호텔은 방문객에게 오감을 통해 지역의 풍토를 전달하는 연출 장치인 동시에 아직 방문하지 않은 고객에게 지역의 존재를 알리는 랜드마크입니다. 해당 지역에 살고 있는 사람들조차 깨닫지 못하고 있는 지역의 분위기가 담긴 호텔. 그런 호텔은 지역의 매력을 알리는 거점이 되고, 현지인들은 이를 계기로 자신이 사는 곳에 자긍심을 느낄 수 있습니다. 이렇게 이상적인 공생관계를 만들어나갈 수 있습니다.

지역의 이야기나 역사를 파고들고, 지명에서 떠오르는 이미지를 키우고, 그 지역에만 존재하는 고유한 분위기를 언어화하는 것! 그것이 바로 미래로 이어지는 비연속적인 변화를 만드는 방법입니다.

분위기를 언어화할 때 주의할 점

지역이 가지고 있는 분위기를 언어화할 때는 몇 가지 주의할 점이 있습니다. 저는 일종의 사고 훈련으로 지역을 하나의 상품으로 가정해 고객 여정 Customer Journey*을 분석하거나 마케팅 전략을 고안하곤 합니다. 이때 지역, 자연, 문화라는 공동체의 공유 자산은 근본적으로 상품이나 마케팅 대상이 아님을 유념해야 합니다.

물론 지역에서 사업을 하는 사람이나 관광 유치에 착수하는 자치단체 관점에서는 지역을 상품으로 파악함으로써 마케팅 프레임워크를 다루기 쉬워진다는 이점이 있습니다. 하지만 어떤 지역에 방문할 곳과 방문 가치가 존재하는 이유는 옛사람들이 쌓아 올린 자산과 현재진행형으로 사람들이 영위하는 삶이 존재하기 때문입니다. 이에 대한 존중이 없다면 꾸준히 이어져 내려오는 지역의 고유성을 짓밟아버릴 수 있

---

* 고객이 제품이나 서비스를 발견하고, 구매하고, 사용하고, 유지 보수하는 전 과정을 아우르는 과정

습니다.

관광업이나 관광 개발이라는 행위 자체는 (호혜적인 부분이 있다 해도) 기본적으로 자본을 매개로 지배와 피지배 구조를 만들어내고 강화하는 측면이 있습니다. 아무 생각 없이 그 구조에 가담하지 않기 위해서는 스스로 경계하면서 지역의 역사와 문화에 경의를 표하고 있는지 끊임없이 자문자답하는 자세가 필요합니다.

또한 사람은 다양한 편견을 가지고 있습니다. 시대나 지역의 분위기를 언어화할 때 정답이 있는 것은 아닙니다. 그 지역에 산다 해서 제대로 언어화할 수 있는 것도 아니고, 외부인이라 해서 언어화하지 못하는 것도 아닙니다. 권위 있는 사람이나 대기업의 생각이라고 무조건 동조할 필요도 없습니다. 한 가지 분명한 사실은 아무리 확실해 보이는 것도 개인의 원체험과 선입견에 뿌리를 두고 있는, 여러 사람에게 설득력 있는 하나의 해석에 불과하다는 점입니다.

분위기라는 눈에 보이지 않는 애매한 대상을 말로 표현하는, 형태를 가진 대상으로 고정하는 행위는 일종의 폭력성을 내포한다는 사실을 자각하고, 반드시 진지하고 성실한 자세로 임해야 합니다.

3장_ 분위기를 언어화한다

인사이트를 파고든다

고객 심리의

본질을

파악한다

나도 모르게 사고 싶어지게 하려면

지금까지 크리에이티브 점프의 사전 준비로 갖추어야 할 2가지 중심 요소에 대해 살펴보았습니다. 자신이 가진 '자산을 재정의'하면 기존의 틀을 뛰어넘어 더 많은 (혹은 미개척의) 시장이나 상황에 가치를 제공할 수 있는 접점을 만들기 쉬워지고, 사회의 '분위기를 언어화'함으로써 지향해야 할 방향성을 알 수 있습니다. 지금부터는 핵심 주제인 '고객'으로 시선을 돌려보겠습니다.

왜 고객 심리를 파악해야 할까요? 직접적인 압력을 가해 누군가의 행동을 바꾸기란 대단히 어렵고 비효율적이기 때문입니다. 이솝우화 〈해와 바람〉을 예로 들어볼까요? 바람이 나그네의 외투를 벗기기 위해 세차게 몰아쳤지만 그럴수록 나그네는 옷깃을 단단히 여몄습니다. 그리고 태양이 강렬한 햇살을 내리쬘 때는 너무 더워 외투를 벗어버렸죠. 나그네는 외투를 벗으라는 지시를 받은 것도, 설득된 것도, 강요당한 것도 아닙니다. '나도 모르게 벗고 싶은' 상황이 되자 벗어버린 것이죠.

이와 비슷한 일이 비즈니스 세계에서도 종종 일어납니다. 컴퓨터 화면에 광고가 자주 보이거나 영업 메일이 끊임없이 날아와도 '리타기팅(특정 웹사이트를 방문한 사람에게 반복적으로 같은 광고를 노출하는 것)되어 있구나', '개인 정보가 유출됐나?'라고만 생각할 뿐, 해당 제품이나 서비스에 관심이 커지는 것은 아닙니다. 온갖 수단을 동원한 판촉보다는 '나도 모르게 갖고 싶은 마음이 들도록' 고객의 마음 깊은 곳에 존재하는 스위치를 누르는 것이 더 중요합니다.

여러분이 료칸 경영자라고 가정해볼까요? 도쿄의 대학생들이 유가와라의 온천 료칸에 숙박하러 와주길 바란다면 어떤 대책을 떠올릴 수 있을까요? '학생 할인 플랜'이나 '여성을 위한 여행 플랜' 등을 기획하거나, 대학 동아리를 대상으로 영업하거나, 학생 전문 여행사에 고객 유치를 부탁하는 방법 등을 떠올릴 수 있습니다. 어느 것도 틀린 방법은 아니지만, 효율적인 방법도 아닌 것 같군요. 누구나 떠올릴 수 있는 일반적인 판촉 방법에 머물고 있기 때문입니다.

핵심은 '사람들이 나도 모르게 ○○ 해버리는' 상황을 만드는 것입니다. '학생 할인 플랜'을 실시하면 단가가 내려가고, 동아리 영업을 강화하면 인건비가 증가합니다. 여행사에 고객 유치를 부탁하면 수수료를 지불해야 하죠. 하나같이 이익을 줄여가며 고객을 유치하는 구조입니다.

하지만 대학생들이 나도 모르게 유가와라를 방문해보고 싶어지는 상황을 만들 수 있다면, 그다음부터는 고객들이 알아서 예약을 해줄 것입니다. 처음부터 도전해야 할 목표는 고

4장_ 인사이트를 파고든다

객 스스로 찾아오고 싶어지는 가치를 만들어내는 것입니다.

경영학의 아버지 피터 드러커는 저서《피터 드러커 매니지
먼트Management : Tasks, Responsibilities, Practices》에서 이렇게 말했습
니다.

"이상적인 마케팅은 판매가 필요 없게 만드는 것이다. 마
케팅의 지향점은 고객을 이해하고 제품과 서비스를 고객에
게 맞춤으로써 자연스럽게 팔릴 수 있도록 하는 것이다."

소비자가 가진 욕구의 스위치, 인사이트

그럼 어떻게 해야 '나도 모르게 ○○해버리는' 매력적인 제품
을 만들어낼 수 있을까요? 이때 필요한 키워드가 '인사이트'
입니다. 일하면서 흔히 쓰는 말이죠. 사실 인사이트의 정의는
아직 확정되지 않았습니다. 그만큼 여기저기서 다양한 의미
로 쓰이곤 하죠.

제가 생각하는 인사이트란, 소비자의 행동 원리나 그 이면
의 의식 구조를 파악함으로써 알 수 있는 '사람들의 무의식에
존재하는 소비 행동을 자극하는 스위치'입니다. 소비자의 인
사이트를 자극하는 제품을 개발하거나 판촉을 하면 구매 욕
구를 불러일으킬 수 있습니다. 그러기 위해서는 '이 사람은

이런 인사이트를 가지고 있지 않을까?'라는 가설을 세우면서 세상을 바라보는 것이 중요합니다.

앞서 이야기했듯 인간의 의식구조를 빙산에 비유하곤 합니다. 본인 스스로 인식하고 있는(수면 위로 보이는) 표면의식은 극히 일부에 불과합니다. 대부분은 자기 자신도 무슨 일이 일어나고 있는지 제대로 설명하지 못하는(바닷속에 잠겨 있는) 잠재의식으로 구성되어 있습니다. 특히 정보량이 넘쳐나는 현대 사회에서는 사람들의 행동 원리도 한층 다양하고 복잡해집니다. 자기 행동의 배경이나 동기를 정리해 알기 쉽게 설명하기란 불가능에 가깝죠. 뭔가를 샀을 때 '왜 그것을 선택했는지' 매번 논리적으로 설명할 수 있나요? 아마 '아무 생각 없이' 선택한 경우가 많을 것입니다.

어떤 료칸에 투숙한 대학생에게 "왜 이 숙소를 예약했어요?"라고 질문하면 어떤 대답이 돌아올까요? "가격이 적당하고, 객실이 깨끗하고, 식사가 맛있을 것 같아서요"라는, 극히 평범한 대답이 돌아올 가능성이 큽니다. 대개의 경우 자기 자신이 어떤 잠재의식의 자극을 받아 행동하는지 정확하게 인식하지 못하기 때문입니다.

게다가 사람의 심리는 정직하지도 않습니다. 그 안에는 때때로 '본심과 대외적 명분'이라는 이중 구조가 존재합니다. 사람은 멋지게 보이고 싶고, 좋은 평가를 받고 싶어 하는 존

4장_ 인사이트를 파고든다

재이기에 자신이 인식하는 감정과 진짜 감정에 격차가 생기기 쉽습니다. 예를 들어 앞서 답변한 대학생은 객실에서 식사할 수 있는 료칸에 연인과 묵는 것이 어른스럽고 근사하다고 생각해 그 숙소를 선택했을지도 모릅니다. 그런 심층 심리에는 '여유 있고 어른스러운 나의 모습을 연인에게 보여주고 싶다', '연인에게 센스 있는 사람으로 보이고 싶다'라는 소망이 자리 잡고 있을 가능성이 큽니다.

이와 같이 잠재의식 아래에 잠들어 있는, 언뜻 놀라워 보일 수도 있는 자각하지 못한 소망이 사람들을 소비 행동으로 이끕니다. 그리고 인사이트란, 잠재의식 아래에 존재하는 본능적인 감정이나 소망을 소비 행동으로 표면화하기 위한 분출구 같은 것이라고 정리할 수 있습니다.

인사이트insight의 직역이 '통찰', '발견'인 것처럼, '이런 행동을 하는 사람의 내면에는 이런 인사이트가 있지 않을까?'라는 가설을 세워 통찰하고 알아차리는 것이 중요합니다.

인사이트와 니즈의 차이

인사이트는 언뜻 '니즈'와 비슷해 보이기도 합니다. 하지만 둘은 비슷하면서도 다른 개념입니다. 니즈는 소비자가 자각하고 있는 욕구 그 자체인 반면, 인사이트는 어디까지나 마케터가 통찰력을 구사해 하나의 가설을 세우고 찾아내는 '소비 사람들은 자신의 감정을 제대로 자각하지 못한다.

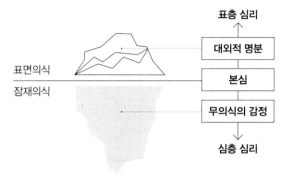

마그마와 같은 무의식적인 감정은
인사이트라는 분출구에서 소비 행동으로 나타난다.

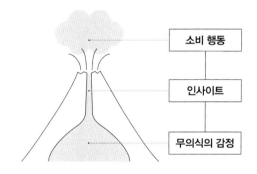

[소비를 일으키는 행동 원리, 인사이트]

자가 자각하지 못하는 욕구의 스위치'입니다.

니즈는 소비자 자신이 자각하고 있는 욕구라는 점에서 참고할 가치가 있습니다. 하지만 (자기 이미지를 신경 쓰는 심리도 작용하기 때문에) 신빙성에는 의문이 남습니다. 한편 인사이트는 행동 관찰이나 해석을 통해 도출된 소비자의 행동 원리에 대한 가설이기 때문에 검증을 통해 그 타당성을 확인할 수 있습니다.

인사이트와 니즈의 차이를 단적으로 설명해주는 사례가 있습니다. 2000년대 초반 맥도날드는 고객 인터뷰를 통해 '맥도날드는 건강에 해롭다'라는 이미지를 확인하고, 그것을 개선하고자 채소가 많이 들어간 신메뉴 '샐러드 맥'을 발매했습니다. 결과는 어땠을까요? 기대와 달리 인기가 없어 얼마 못가 판매가 종료되었습니다. '그럴 리가 없어, 설문조사에서 고객들의 니즈가 그렇게나 많았는데…'라고 현실을 부정해도 아무 소용이 없었죠.

하지만 잘 생각해보면, 건강한 음식을 먹고 싶은 마음이 있다면 애초에 맥도날드를 방문하지 않았을 것입니다. 그럼에도 맥도날드에 방문한 고객들은 실제 행동 원리와는 다른 욕구를 전달했습니다. 아마도 진정한 인사이트는 '죄책감을 덜 느끼며 햄버거를 즐기고 싶다'였을 것입니다.

맥도날드가 제공하는 본질적 가치는 건강과는 정반대의

가치였던 것입니다. 뒤이어 발매된 제품들, 즉 고기와 칼로리를 대폭 늘린 '쿼터 파운더'와 '사무라이 맥'은 '어른을 즐겨라', '가고 싶은 길을 개척하라'라는, 정크푸드에 대한 욕구를 긍정하는 광고 문구와 함께 큰 성공을 거두었습니다.

이처럼 고객이 자각하고 있는 니즈와 실제 소비를 일으키는 행동 원리인 인사이트에는 종종 간극이 발생합니다. '데이터는 사실이지만 진실은 아니다'라는 말처럼, 니즈는 때로 거짓말을 합니다. 최근의 뇌과학 조사에 따르면, 소비자들은 자신의 취향과 바람을 명확하게 전달하기는커녕 인식조차 하지 못한다고 합니다. 그렇기 때문에 고객의 의견을 있는 그대로 받아들이지 말고, 그것을 더욱 깊이 파고들어 가설을 찾아내는 과정이 필요합니다.

이해를 돕기 위해 인사이트를 제대로 파악해 고객 행동에 변화를 일으킨 몇 가지 사례를 소개하겠습니다.

1980년대 미국 캘리포니아주에서는 우유 소비량이 해마다 내리막길을 걷고 있었습니다. 초조해진 캘리포니아 우유 협회는 TV 광고를 내보내 우유를 마셔야 하는 이유를 역설했습니다. 우유는 건강에 좋다, 우유를 마시면 키가 자란다, 우유에는 안정 효과가 있다…. 그러나 어느 것도 의미 있는 성과로 이어지지 않았습니다.

그도 그럴 것이 소비자가 보기에 이것들은 모두 '나도 모르게 우유를 마시고 싶어지는' 메시지가 아닙니다. 그럼 어떻게 하면 그런 심리 상태를 만들 수 있을까요?

우유 협회는 수수께끼를 풀기 위해 실험을 진행했습니다. 그들은 지원자들을 모집해 한 가지 규칙을 전달했습니다.

'오늘부터 2주 동안 무슨 일이 있어도 절대 우유를 마시지 말 것!'

그리고 2주 뒤 지원자들에게 언제 절실히 '우유를 마시고 싶다!'라고 느꼈는지를 물었습니다. 과연 어떤 결과가 나왔을까요? 우유를 마시고 싶어 견딜 수 없었던 순간은 건강해지고 싶었을 때도, 키가 크고 싶었을 때도, 안정을 취하고 싶었을 때도 아니었습니다. 바로 '퍼석퍼석한 쿠키를 먹었을 때' 였습니다. 이것이야말로 소비자가 우유에 대해 가지고 있는 인사이트였던 것입니다. 소비자는 뻑뻑한 타르트나 퍼석한 빵을 먹어 입안이 말라버렸을 때 음식을 삼키기 위해 우유를 마시고 싶어 했습니다.

인사이트를 찾아낸 우유 협회는 판매 방식을 대폭 전환했습니다. 우유 코너가 아닌 과자 코너에 'Got Milk?(우유도 샀어?)'라고 적힌 광고를 내걸기도 하고, 걸스카우트 쿠키(걸스카우트 소녀들이 활동 자금을 모으기 위해 직접 만든 쿠키)를 판매하는 기간에 보이스카우트 소년들이 우유를 판매하는 캠페인을 벌이기도 했습니다. 이처럼 쿠키를 맛있게 먹는 데 파트릴 수 없는 단짝으로서 우유 프로모션을 전개해 매출을 크게 늘리는 데 성공했습니다. 다시 말해 쿠키를 도화선 삼아 '우유를 마시고 싶다'라는 무의식 속 욕구의 스위치를 자극한 것입니다.

리퀴드데스Liquid Death라는 미국의 스타트업은 해골이 그려진 헤비메탈 스타일의 알루미늄 캔에 물을 담아 판매하고 있습니다. 요즘에는 술을 즐기지 않는 사람이 많은데, 그렇다고 클럽이나 바에서 생수병을 들고 있자니 애송이 같아 좀 창피하죠. 리퀴드데스는 '술 먹는 자리에서 물을 마시는 건 촌스럽고 창피하다'라는 인사이트를 노리고 제품을 만들어 많은 사람의 호응을 받았습니다. 여기에 더해 '갈증을 죽여버려!'라는 펑키한 캐치 카피를 비롯한 독창적인 크리에이티브 효과의 영향으로 클럽, 음악 페스티벌 등으로 판로를 넓혀 2023년에만 2억 6,300만 달러의 매출을 올렸습니다.

일본 공항에 늘어서 있는 가챠 기계도 해외 관광객들의 인사이트를 효과적으로 공략한 사례입니다. 여행이 막바지에 다다르면 현지 통화를 다 소진하고 싶은 마음이 듭니다. 하지만 공항에 도착하면 끝이죠. 환전소에서 수수료를 지불하고 자국 통화로 바꾸거나, 훗날을 기약하며 그대로 가지고 갈 수밖에요. 그러면 왠지 여행을 100% 즐기지 못한 것 같은 찜찜한 마음이 들기도 합니다. 그럴 때 공항에 가챠 기계가 있으

4장_ 인사이트를 파고든다

면 동전도 소진하고, 기념품도 손에 넣을 수 있고, 일본에서만 가능한 독특한 체험도 할 수 있어 일석삼조입니다. 실제로 나리타 국제공항의 가챠 기계는 400대에 달하며, 다른 곳의 3배에 가까운 매출을 올리고 있다고 합니다.

이렇게 마음 깊이 숨겨져 있는 소비자의 심리를 이해하고 인사이트를 정확하게 파악하면 사업에 크고 확실한 변화를 일으킬 수 있습니다.

인사이트를 찾아내는 3단계 생각법

그렇다면 인사이트는 구체적으로 어떻게 찾아내야 할까요? 앞서 거듭 이야기했듯 인사이트는 어디까지나 사람들의 소비를 일으키는 도화선이 될 잠재적 감정이 무엇인지 통찰해 도출한 가설입니다. 많은 사람이 설문조사나 그룹 인터뷰, 행동 관찰 조사 등을 방법으로 제시하지만, 다른 사람을 통해서는 답을 찾을 수 없는 경우가 많습니다. 인사이트는 자기 자신 안에 존재합니다. 내 안의 잠재의식을 언어화함으로써 획득할 수 있죠. 다양한 조사 기법도 따지고 보면 모두 자기 자신을 객관적이고 다각도로 바라볼 수 있도록 보조하거나, 도달한 가설을 보강하고 검증하는 방법에 지나지 않습니다. 따

라서 인사이트를 발견하기 위해서는 평소에도 자신의 무의
식을 언어화하는 훈련을 해나갈 필요가 있습니다.

이해를 돕기 위해 여러분이 세제회사의 마케팅 담당자이
고, 신제품 컨셉을 개발하기 위해 빨래하는 사람의 인사이트
를 찾고 있다고 가정해봅시다. '빨래하는 사람의 인사이트란
무엇일까?'라고 막연하게 접근하면 제자리만 맴돌기 십상입
니다. 다음과 같이 세 단계로 나누어 고찰하면 한결 쉽게 실
마리를 찾을 수 있을 것입니다.

1 — 행동 장면을 상상한다

먼저 자신이 빨래하는 순간을 상상해봅시다. 솔직히 한 번 입
은 옷을 그날 바로 세탁하는 사람은 많지 않을 것입니다. 청
바지나 집에서 입는 옷은 며칠씩 입는 사람도 있죠. 자신이
평소 어떤 상황에서 어떻게 빨래를 하는지 떠올려봅시다.

2 — 행동의 배경을 언어화한다

이어서 자신이 과거에 '빨래'라는 행위를 한 이유를 언어화해
나열해봅시다.

- 날씨가 더워 땀을 많이 흘렸기 때문에
- 식당에서 냄새가 뱄기 때문에

4장_ 인사이트를 파고든다

- 빨랫감이 많이 쌓였기 때문에

3 ─ '왜?'라고 되묻는다

그런 다음에는 '왜 이런 이유로 빨래를 하고 싶어질까?'라는 질문을 거듭하며 사고를 심화해봅시다. '왜?'를 반복하면 새로운 관점에서 깨달음을 얻을 수 있고, 자기 욕구의 스위치인 인사이트 발견에 가까이 다가갈 수 있습니다.

- 날씨가 더워 땀을 많이 흘렸기 때문에
  → (왜?) 땀에 젖어 냄새가 나는 옷은 입기 싫으니까.
  → (왜?) 주위에서 '이 사람, 빨래를 잘 안 하나?', '안 씻었나?'
    라고 생각하는 것이 싫으니까.
  → (인사이트) 사람들에게 자신감 있게 다가가고 싶다.

- 식당에서 냄새가 뱄기 때문에
  → (왜?) 자신에게서 음식 냄새가 나면 불쾌하니까.
  → (왜?) 나 같은 사람과는 어울리지 않는 냄새니까.
  → (인사이트) 내게서 좋은 냄새가 나면 기분이 상쾌해진다.

- 빨랫감이 많이 쌓였기 때문에
  → (왜?) 빨랫감이 쌓여 있으면 스스로가 한심하게 느껴지니까.

→ (왜?) 빨랫감을 모아 세탁기 버튼을 누르는 것만으로도 쉽게 성취감을 느낄 수 있으니까.

→ (인사이트) 자기관리를 해야겠다고 마음먹었을 때 처음 손대는 것이 빨래다.

'인사이트를 발견해보자'라고 하면 어디서부터 시작해야 할지 막막할 수도 있습니다. 그럴 때 이렇게 분해해 생각하는 것만으로도 논리 정연하게 인사이트의 가설을 도출할 수 있습니다. 하나하나의 사고 과정은 어렵지 않습니다. 평소 자신이 무의식적으로 생각하던 것들을 언어화했을 뿐이지만, 그것만으로도 '빨래를 한다'라는 행동의 배경에 존재하는 심층 심리로 이어지는 키워드를 발견할 수 있습니다.

사실 이 이야기는 실제 사례를 참고한 것입니다. 2010년 라이온 주식회사는 액체 세제 '나녹스NANOX'를 출시했습니다. 그때까지의 세제는 '놀라운 흰색'이라는 캐치 카피로 대표되는, 높은 세정력으로 씻어낸 흰색을 어필하는 것이 일반적이었습니다. 하지만 이미 시장이 성숙한 터라 그러한 카피는 더 이상 통하지 않았습니다.

이에 라이온이 소비자를 대상으로 조사를 진행했습니다. 그 결과, 옷 냄새를 맡아본 뒤 빨래를 할지 말지 판단하는 사람이 많다는 사실이 밝혀졌습니다. 옷에 땀 냄새나 담배 냄새

4장_ 인사이트를 파고든다

등이 뺐는지 아닌지, 냄새가 지워졌는지 아닌지가 옷의 청결함을 판단하는 기준이었습니다. 즉 '빨래를 하는 기준은 더러움이 아니라 냄새'라는 인사이트가 존재하고 있었던 것이죠. 이를 근거로 '냄새를 없애는 세제'라는 점을 어필하자, 반년 만에 목표 매출을 130% 달성했다고 합니다.

앞서 소개한 3단계를 생각해보면, 라이온이 발견한 인사이트에 가까운 결론이 나오는 것을 알 수 있습니다. 물론 라이온의 경우는 인사이트 가설을 정밀하게 검증해 마케팅 전략을 세웠으므로 단순 비교는 불가능합니다. 하지만 우리도 3단계 방법을 통해 꽤 근사한 효과를 얻을 수 있습니다.

온천 료칸에는 누가 왜 오는가

이번에는 이러한 인사이트를 발견하기 위한 사고의 흐름(자신의 시점을 특정 장면에 고정하고, 연역적으로 사고를 심화하면서 잠재의식을 언어화하는 방법)을 적용해 매출을 향상시킨 저희 회사의 사례를 소개하겠습니다.

2017년 11월 유가와라에 온천 료칸을 열었을 때의 일입니다. 소유주로부터 무사히 운영을 인계받았지만, 이제부터 어떻게 사업을 키워가야 할지 고민이 되었습니다. 이듬해 3월까지 긴 비수기를 앞두고 있었기 때문입니다. 예상보다 훨씬 저조한 가동 상황 때문에 사내 회의에서 병설 카페 휴업을 검토할 정도였습니다.

저는 카페 휴업만은 피하고자 직원들에게 "내가 어떻게든 방법을 생각해볼게"라고 큰소리쳤습니다. 하지만 구체적으로 무엇을 어떻게 해야 할지 막막했죠. 그래도 어떻게든 방법을 찾아야만 했습니다. 먼저 저희가 처한 상황을 사실, 성과를 저해하는 병목 요인, 고려해야 할 제약, 이상적인 모습이라는 4가지 관점에서 냉정하게 정리해보았습니다.

첫 번째는 '사실관계'의 조사입니다.

- **입지**: 유가와라역에서 차로 약 10분 거리에 있다. 인근에 관광 시설이나 상점, 명승지가 별로 없다. 주변 경관도 평범하다.
- **시설**: 객실은 아담하지만, 리모델링이 완료되어 인테리어는 깔끔하다. 온천은 남녀 따로 실내 욕탕이 하나씩 있고, 노천탕이나 사우나는 없다.
- **접객**: 접객 담당 직원은 현지 주부와 대학생이 중심이다. 주방 직원은 일반 음식점에서 일한 경험이 있지만 프랑스 요리 등 특별한 메뉴를 만들 수 있는 사람은 많지 않다.
- **운영 상황**: 가동률은 약 50%이며, 직접 예약 비율은 약 5% 다. 매출액과 이익률 모두 향상의 여지가 있다.

- **이용자**: 내국인이 약 70%이며 주로 가족, 연인, 친구다. 외국인 관광객 비율은 약 30%다.
- **시장**: 유가와라를 찾는 주된 연령층은 60대 이상이며, '10회 이상 방문'이 가장 많다. 20~30대 비율은 10% 미만이다.
- **경쟁**: 주변의 숙박 시설은 고가와 저가로 뚜렷하게 양분되어 있다. 5만~10만 엔 정도의 고급 료칸이 주를 이루고, 역 앞에는 객단가가 1만 엔 이하인 온천 호텔과 민박 등이 많다.

조사를 통해 밝혀진 사실은 유가와라를 찾는 고객층과 우리 시설의 불일치였습니다. 가나가와현 관광 통계를 분석해 보니, 도쿄도에 거주하는 중·고소득층 중년 이상 부부가 익숙한 숙소를 매년 방문하는 모습이 떠올랐습니다. 다년간의 경험이 쌓인 만큼 당연히 취향도, 입맛도 기준이 높겠죠. 이런 분들이 젊은이가 운영하는 신규 숙소를 방문할 가능성은 사실상 없다고 판단했습니다. 실제로 이러한 사실을 확인할 수 있는 후기도 많았습니다.

인수인계 전에 주요 대상으로 상정했던 외국인 관광객도 막상 뚜껑을 열어보니 전체 투숙객의 3분의 1밖에 되지 않았습니다. 그도 그럴 것이 외국인 관광객의 대부분은 OTA를 통해 숙소를 예약하는데, 유가와라는 지명도가 낮아 애초에 검색에 걸리지 않았습니다(그래서 인수인계 전에는 외국인 대상의

PR회사와 계약을 맺고 있었습니다. 하지만 저희가 계속 유지하기에는 비용이 너무 높았습니다).

다시 말해 '목표 대상과 실제 고객이 일치하지 않는다', '흔히 유가와라의 온천 료칸에 기대하는 시설 스펙보다 떨어져 일반적인 방법으로는 고객을 유치하기 어렵고, 만족도 저하로 이어질 가능성도 크다'라는 2가지 '병목'이 존재한다는 사실을 알게 되었습니다.

게다가 이 온천 료칸은 임대차 계약이었기 때문에 리모델링이나 수리 보수의 자유도가 낮다는 '고려해야 할 제약'도 있었습니다. 결과적으로 시설이 아니라 접객 측면에서 개선점을 마련해야 했습니다.

어려운 조건이었지만 사업을 영위하기 위해서는 영업 이익을 낼 방안이 시급했습니다. 구체적으로 비수기에도 나름의 객단가로 직접 예약이 들어오는 상황을 '이상적인 모습'으로 정했습니다.

대상 고객의 이미지를 더 구체적으로

그 시점에서 저희는 큰 결단을 내렸습니다. 병목의 하나였던 '외국인 관광객 대상'이라는 컨셉을 재검토하기로 한 것이죠. 그와 동시에 내국인 고객의 다수를 차지하는 중장년층도 대상 고객에서 제외하기로 했습니다. 시설의 특성 등을 고려할 때, 유가와라에서 오랫동안 영업해온 전통과 격식을 갖춘 료칸과의 경쟁에서 그들의 기대를 만족시키기는 어렵다고 판단했기 때문입니다.

역발상으로 저희가 주목한 대상은 지금까지 유가와라 료칸들이 전혀 대상으로 삼지 않은, 도쿄에 사는 20~30대였습니다. 전체 객실 11개, 최대 60명이 묵을 수 있으니 연간 필요한 고객 수는 3,000팀 정도였습니다. '이 정도 규모라면 파이가 적은 젊은 세대를 대상으로 해도 충분히 승산이 있지 않을까?'라고 생각했습니다.

가장 먼저 인테리어와 서비스를 내국인 고객 전용으로 갖추고 자란, 라쿠텐 등 일본 국내용 OTA도 정비했습니다. 그리고 대폭적인 리브랜딩 작업에 앞서 유가와라의 분위기를 언어화하여 시설의 컨셉에 반영하기 위해 '유가와라는 어떤 곳인가'를 고민하고 또 고민했습니다.

그렇게 지역의 역사를 파고든 끝에 대대로 문호들이 머물렀다는 일화를 바탕으로 '유가와라는 자기만의 세계에 틀어박히는 유고모리(온천 칩거)의 땅'이라는 브랜드 이미지에 도달했습니다. 그리고 세련되게 표현을 다듬어 '유가와라 칠아웃'이라는 캐치 카피를 만들어냈습니다(3장 참조). 이에 맞춰 키비주얼을 촬영하고, 인터넷 사이트를 정비하고, 보도자료를 돌렸습니다.

하지만 이것만으로는 부족했습니다. 관심을 보여주신 분들도 있었지만, 사람들이 실제로 행동으로 옮기기 위한 동기 부여가 아직 부족했습니다.

"호텔의 컨셉은 성수기가 아니라 비수기에 맞춰 만들어야 한다."

호시노 리조트 대표인 호시노 요시하루의 명언입니다. 성수기에는 그다지 노력하지 않아도 일정 수의 투숙객이 찾아오지만, 비수기에는 손을 쓰지 않으면 파리만 날리게 됩니다. 예를 들어 여름에 인기가 많은 지역이라면, 비수기인 겨울에 사람들을 끌어모을 장치를 마련해두어야 한다는 것이죠. 더욱이 저희는 외국인 관광객을 대상으로 하는 마케팅까지 중단한 상태였기 때문에 비수기나 평일에 고객을 불러 모을 장치를 만드는 작업이 급선무였습니다.

유가와라의 비수기(10~2월)와 평일에도 비교적 자유롭게 찾아올 수 있는 사람은 누구일까? 가장 먼저 머릿속에 떠오른 건 '긴 방학이 있고, 자유 시간이 많은 대학생'이었습니다. 이 발견 덕분에 대상의 폭을 한층 더 구체적으로 좁혀야 한다는 사실을 깨달았습니다. 우리가 어필해야 할 대상은 '도쿄에 사는 20~30대'가 아니라 '도쿄의 대학에 다니는 대학생'이었습니다.

인사이트 특정이 만들어낸 '졸업 논문 집필 패키지'

그렇다면 '도쿄의 대학생'들이 자신도 모르게 유가와라에 가고 싶어지게 만들려면 어떻게 해야 할까요? 그들의 인사이트를 파악하기 위해 밤낮 없이 매일 X를 살피며 대학생들의 행동 패턴을 추적했습니다. 아르바이트가 이렇고 축제가 저렇다는 글들을 읽으며 돌아다니던 저는 어느 순간 많은 학생이 졸업 논문 때문에 애를 먹는다는 사실을 깨달았습니다.

'졸업 논문을 쓰고 있는데 진도가 나가지 않아요'라고 하소연하거나 '선배의 졸업 과제를 돕느라 오늘도 밤을 새워야 할 것 같아요'라고 푸념하는 학생이 많았습니다. 건축학과나 도시공학과 학생들은 매일 연구실에 틀어박혀 의자나 소파, 때로는 바닥에 누워 쪽잠을 자면서 작업을 이어가고 있더군요. 그들 중 상당수는 밤새워 작업한 후 학교 근처 목욕탕에서 씻는 것을 유일한 낙으로 삼으며 버티는 것처럼 보였습니다.

생각해보면 요즘 대학생들은 너무 바쁩니다. 수업도 들어야 하고, 아르바이트도 해야 하고, 동아리 활동도 해야 하고, 스펙도 쌓아야 하고, 구직 활동도 해야 하고, 졸업 논문도 마무리해야 하니 얼마나 바쁘겠어요. 그뿐 아니라 상당수는 자취를 하며 식사, 빨래, 청소 등 생활도 건사해야 하죠. 그러니 집중해서 하고 싶은 일이 있어도 그 전에 해야 할 일이 너무나 많습니다.

저는 '식사를 제공하고 언제라도 온천에 들어갈 수 있는 환경이라면 그들이 더욱 집중해 졸업 논문을 마무리할 수 있지 않을까?'라고 생각했습니다. 그리고 X에 이런 글을 올렸습니다.

'대학생들이 졸업 논문을 쓰러 유가와라에 와주면 좋겠다.'

잠시 후 한 팔로워에게서 이런 글이 도착했습니다.

'졸업 논문 학생 할인 패키지 같은 걸 만들어주세요!'

이 요청이 대학생의 인사이트와 연결되면서 머릿속에 멋진 아이디어가 떠올랐습니다.

'졸업 논문을 쓰러 오세요!'라는 호소만으로는 사람을 움직이게 할 수 없습니다. '대학생 할인!'만으로도 크게 어필할 수 없습니다. 학생 할인 프로모션은 흔하니까요. 실행을 가로막는 병목을 없애려면 '가는 이유'를 명확하게 설계한 기획을 전달해야 했습니다.

더 가까이 들여다보면, 졸업 논문을 쓰는 대학생들이 어려움을 느끼는 가장 큰 부분은 '빨리 써야 하는데 이런저런 이유로 진도가 나가지 않는다'라는 갈등에서 비롯합니다. 다시 말해 '졸업 논문을 빨리 마무리하지 못하는 죄책감에서 벗어나고 싶다'라는 인사이트가 있습니다. 그렇다면 '졸업 논문

쓸 시간을 확보했으니 괜찮아'라고 안심할 수 있는 서비스를 만들면 되지 않을까요?

그런 생각으로 기획한 것이 '졸업 논문 집필 패키지'라는 숙박 플랜이었습니다. 과거 문호들이 유가와라의 온천 료칸에 체류하면서 집필에 몰두한 역사에서 힌트를 얻어 대학생들이 졸업 논문 집필 작업에 전념할 수 있게 연출한 숙박 체험입니다.

숙박비는 대학생임을 감안해 1박 1만 엔 정도의 할인가로 책정했습니다. 세 끼 식사를 포함해 커피와 홍차를 무제한 제공하며 작업에 집중할 수 있는 환경을 조성했습니다. 또한 희망자에게는 직원이 편집자가 되어 진행 상황을 확인하거나 글에 대한 감상을 말해주는 등 게으름을 피울 수 없도록 감독하는 서비스를 준비했습니다. 이 플랜을 공지한 포스트는 순식간에 퍼져 나갔고, 그날로 예약이 마감되었습니다.

앞서 이야기했듯 저희가 해결해야 했던 과제는 입지도, 설비도, 식사도, 서비스도 주변의 격식 높은 온천 료칸과는 도저히 경쟁이 되지 않는다는 것이었습니다. 호텔이나 료칸은 으레 '멋진 건물과 조망, 식사가 있습니다. 편히 쉬러 오세요'라는 메시지로 어필하곤 합니다. 이는 공간은 만들어두지만, 그 안에 무엇을 담을지는 투숙객에게 맡긴다는 의미입니다.

하지만 자원이 한정된 저희는 그런 정석을 거꾸로 적용했습니다. 다시 말해 '건물과 온천과 식사는 솔직히 그저 그렇습니다. 그 대신 당신이 이곳에서 해야 할 작업에 집중할 수 있도록 최선을 다해 지원하겠습니다'라는 커뮤니케이션을 시도한 것이죠. '이곳에 와서 무엇을 할지' 확실히 정해 고객에게 제안함으로써 고객의 인사이트를 공략한 것입니다.

유가와라의 접근성, 행락지로서의 부족함, 조금 가라앉은 지역 분위기는 오히려 금욕적으로 집필에 매진할 수 있는 최고의 환경이었습니다. 정량적 가치를 높이는 것이 아니라 정성적인 가치를 창출함으로써 '우리의 숙박 시설을 여행의 목적지로 만든다'라는 크리에이티브 점프가 만들어진 순간이었습니다.

'졸업 논문 집필 패키지'는 감사하게도 예상을 뛰어넘어 대학생이 아닌 일반인에게도 큰 호응을 얻었습니다. 동호회 등에서 '대학생은 아니지만 나도 온천 료칸에서 글을 쓰고 싶다'라는 문의가 이어졌습니다.

일본에는 동인 단체에 소속되어 매년 여름과 겨울에 개최하는 코믹 마켓을 목표로 동인지를 제작하는 이들이 있습니다. 코믹 마켓에는 2만 개 이상의 단체가 참여하고, 25만 명이 넘는 사람이 방문합니다. 얼마나 거대한 커뮤니티인지 상상이 되나요? 그들 대부분은 전업 만화가나 소설가가 아닙니다. 각자 직업을 가지고 일하면서 취미의 연장선으로 동인지

4장_ 인사이트를 파고든다

를 제작하는 사람이 많습니다. 그들은 빡빡한 시간을 쪼개 필
사적으로 작업을 합니다.

저희는 그들의 열렬한 요청을 받아들여 '원고 집필 패키
지'라는 플랜을 발매했습니다. 그러자 '졸업 논문 집필 패키
지'를 크게 웃도는 예약이 밀려들었습니다. 이 시리즈 덕분에
그때까지 5%에 불과했던 직접 예약 비율이 1년 만에 80%(전
년 대비 16배)로 급상승했습니다. 객실이 11개밖에 없는 료칸
임에도 불구하고 연간 이익을 3,600만 엔으로 끌어올리며 실
적을 대폭 성장시켰죠. 그로부터 오늘에 이르기까지 '원고 집
필 패키지'는 유가와라 온천 료칸의 매출에 큰 기여를 하고
있습니다.

비록 조건이 불리해도 고객의 인사이트를 올바르게 파악
하면 충분히 게임의 판을 바꿀 수 있습니다.

'자신의 무의식'을 언어화하자

인사이트를 정확하게 파악하기 위해서는 타인의 마음속을
통찰하기보다 자신의 무의식을 언어화하는 습관을 들이는
것이 더 유효합니다. 평소 '멋지다', '촌스럽다', '왠지 좋다'
정도의 막연한 인상으로 이해하던 것들을 의식적으로 '왜 그

렇게 생각할까?'라는 말로 표현해봅시다. 그리고 '왜 나는 이런 감정을 느낄까?', '왜 나는 그런 행동을 취했을까?'라고 심층 심리를 분석해 다른 사람에게 설명할 수 있을 정도로 정리해봅시다. 그렇게 함으로써 손에 잡히고 발전시킬 수 있는 통찰로 만들 수 있습니다.

1 — 자신의 감정과 행동을 발견한다

생활을 돌아보며 자신의 무의식적인 행동을 자각해봅시다. 예를 들어 ○○에 갔다, 샀다, 예약했다, '좋아요'를 눌렀다, 사진을 찍었다, 친구에게 알려줬다, SNS에 올렸다 등.

2 — 자문자답한다

자신이 왜 그런 행동을 했는지 자문자답을 거듭하면서 배경에 존재하는 감정을 발견해봅시다. '솔직히 말해서', '사실은' 등의 말을 붙여 생각해보면 진짜 감정을 끌어내기가 한결 수월합니다.

3 — 추상화한다

자신의 감정을 추상화해 응용할 수 있는 대상으로 만들어봅시다.

일상적인 예를 들어볼까요? 최근 저는 입술 문신 시술을 받았는데, 그 복합적인 이유를 정리하면서 저의 사고 회로를 되짚어 언어화해보겠습니다.

- 입술 문신 시술을 받았다. (① 자신의 행동을 발견한다.)
- 종종 립스틱을 바르는 것이 귀찮아 입술 문신을 해보고 싶다는 생각이 들었다. 효과가 그리 오래가지는 않는다는 것을 알고 시술을 받았다. 솔직히 말해 입술 문신이라는 미용 의료 자체를 체험해보고 싶다는 호기심이 더 강했다. 그 배경에는 미용에 시간과 돈을 들임으로써, 나는 미용에도 신경 쓰는 사람이라는 자기 긍정감을 얻을 수 있다는 마음이 있는 것 같다. (② 자문자답한다.)
- 나는 미용 의료 효과가 아닌 미용 의료를 통해 얻을 수 있는 자기 긍정감을 구매했다. (③ 추상화한다.)

이런 식으로 파고들면 입술 문신을 한 진짜 이유를 찾을 수 있습니다. 처음 떠오른 이유는 어디까지나 소비 행동을 일으키기 위한 구실이나 계기에 지나지 않습니다. 하지만 심층 심리로서 '미용 의료를 체험함으로써, 자기관리를 소홀히 하지 않는다는 안심감을 느끼고 싶다'라는 인사이트를 발견할 수 있습니다.

이렇게 자기 행동을 하나하나 음미하고, 배경을 분석하고, 이유를 찾다 보면 무의식적인 행동에 숨어 있는 보편적인 법칙을 발견할 수 있습니다. 생각의 주제는 뭐든지 좋습니다. 왜 항상 같은 미용실에 다니는 걸까? 왜 전철이 아니라 택시로 갔을까? 왜 네일아트를 할까? 왜 이 사람의 게시물에 댓글을 달았을까? 왜 친구를 식사에 초대했을까? 왜 이 가게를 선택했을까?

일상의 소소한 행동에도 반드시 그 행동을 취하게 만든 잠재의식이 존재합니다. 평소 그런 잠재의식을 확실하게 파악해두는 것이 인사이트를 판별하는 기술을 연마하는 열쇠입니다.

인사이트 발굴을 위한 SNS 활용법

많은 사람이 "타인의 마음을 완벽하게 이해하는 것은 불가능하다"라고 말합니다. 하지만 SNS를 이용해 다양한 참고 자료를 모을 수 있습니다.

1 — 다른 집단의 사람을 팔로우한다

'주변 지인과 친구 5명의 평균치가 당신 자신이다'라는 말이 있습니다. 실제로 우리는 주변 사람들의 가치관이나 라이프스타일에 큰 영향을 받고, 그에 편향된 관점으로 세상을 바라보는 경향이 있습니다. 일부러 전혀 다른 속성의 사람을 팔로우하면 그 사람이 어떤 생활을 하는지, 무엇에 희로애락을 느끼는지 엿볼 수 있습니다. 저도 한 번도 만난 적 없는 평범한 여고생을 비롯해 저와 다른 세계를 살아가는 사람들의 계정을 살펴보며 영감을 불러일으키는 정보를 얻고 있습니다.

2 — 인터넷 집단지성으로 가설을 검증한다

저는 인사이트 가설을 검증하기 위해 SNS를 활용하기도 합니다. SNS(특히 X)에서는 꾸밈없는 의견을 들을 수 있는 기회가 많습니다. '○○한 사람을 대상으로 □□ 서비스를 만들고 싶다'라는 제안을 던지고 다양한 사람의 목소리에 귀를 기울이면 새로운 관점을 얻을 수 있죠. 이때 중요한 점은 아이디어를 추가하거나, 마음껏 부정할 수 있는 여백을 두는 것입니다. 실제로 지금까지 이 방법을 이용해 많은 사람의 의견을 들을 수 있었고, 그것을 통해 얻은 인사이트를 제품 개발에 반영했습니다.

3 — 관심 있는 사람이 팔로우하는 사람을 팔로우한다

'누군가를 알고 싶다면 그 사람의 책장을 보라'라는 말이 있습니다. 더 알고 싶은 사람이 있다면 그 사람이 아웃풋하는 정보는 물론이고, 인풋하고 있는 정보도 살펴보는 것이 좋습니다. 그 사람이 보고 듣는 정보원을 통째로 복사하는 것도 효과적인 방법입니다. 대상이 어떤 정보 속에서 살아가는지, 어떤 관점으로 세상을 바라보는지 알 수 있다면, 그 사람의 인사이트를 훨씬 선명하게 파악할 수 있습니다.

이질적인 대상과 결합한다

상식을

배반하는

아이디어 발상법

인사이트를 아이디어로 만드는 '프로포지션'

'창의적인 아이디어를 떠올린다'라고 하면, 아무도 생각하지 못한 급진적인 기획을 내놓거나 기상천외하고 자유로운 사고방식이 요구되는 것 같아 겁을 먹는 사람도 있습니다.

물론 막막한 상황에서 이른바 '무에서 유를 창조하는' 아이디어를 떠올릴 수 있는 사람은 흔치 않습니다. 저도 그런 사람이 되고 싶어요. 그러나 사업을 타개하는 아이디어는 대부분 재능에 기대지 않고도 이론을 따라 만들어낼 수 있습니다. 결코 재능 넘치는 극소수만의 특권이 아닙니다.

5장의 키워드는 인사이트와 쌍을 이루는 개념인 '프로포지션Proposition'입니다. 이는 '소비자의 인사이트에 대응해 기업이나 브랜드가 소비자에게 보내는 제안'을 가리킵니다. 한마디로 소비자의 인사이트를 만족시킬 만한 제안을 뜻하죠.

앞서 소개한 캘리포니아 우유 협회의 사례를 보죠. '쿠키를 먹어 입안이 퍼석해졌을 때 우유를 마시고 싶다'라는 소비자의 인사이트에 우유 협회는 소비자에게 '과자나 쿠키로 수분이 사라진 입안을 촉촉하게 만들어주는 우유를 마시지 않겠습니까?'라는 제안(프로포지션)을 했습니다. 'Got Milk?' 캠페인은 그것을 구체적으로 표현한 것이죠.

또한 리퀴드데스는 '클럽이나 바에서 생수병을 들고 있는

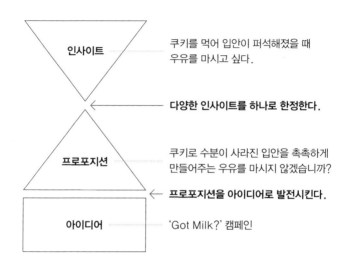

인사이트

쿠키를 먹어 입안이 퍼석해졌을 때
우유를 마시고 싶다.

← 다양한 인사이트를 하나로 한정한다.

프로포지션

쿠키로 수분이 사라진 입안을 촉촉하게
만들어주는 우유를 마시지 않겠습니까?

← 프로포지션을 아이디어로 발전시킨다.

아이디어 ·············· 'Got Milk?' 캠페인

[인사이트와 쌍을 이루는 개념인 프로포지션]

5장_ 이질적인 대상과 결합한다

건 촌스럽고 창피하다'라는 소비자의 인사이트를 발견하고, '물 한 병도 와일드하게 마시는 게 어때?'라는 프로포지션을 제시했습니다. 그 구체적인 형태가 에너지음료처럼 강렬하면서 건강한 느낌과는 거리가 먼 패키지 디자인이었죠.

이렇게 프로포지션은 인사이트와 떨어질 수 없는 존재이며, 프로포지션의 연장선에서 구체적인 아이디어가 만들어집니다.

누워서 빈둥거릴 수 있는 타이완 음식점

지금까지의 이야기를 종합한 사례로 현재 저희 회사가 진행하고 있는 프로젝트를 하나 소개하겠습니다. 2022년 타이완 젊은이들 사이에서 폭발적인 인기를 끌었던 매트리스 브랜드 '슬리피 토푸Sleepy Tofu'가 일본에 상륙했습니다. 그러나 일본 시장에는 이미 수많은 매트리스 브랜드가 자리 잡고 있어 좀처럼 존재감을 드러내지 못했습니다.

기존의 매트리스 브랜드는 하나같이 스프링이나 포켓 코일, 스펀지 배합 등을 설명하면서 '몸을 탄탄하게 받쳐주어 요통이나 어깨 결림을 줄일 수 있다', '수면의 질을 개선해 낮 시간의 활력을 높여준다'와 같이 매트리스를 통해 얻을 수 있는 효용을 직접 어필했습니다.

물론 슬리피 토푸의 매트리스도 스프링, 스펀지 배합 등

내세울 만한 장점이 있습니다. 하지만 경쟁자와 똑같은 장점을 어필하면 광고비만 많이 들 뿐입니다. 이미 널리 알려진 브랜드를 당해낼 수 없죠.

그런데 저를 포함해 일반 소비자가 매트리스를 어떤 상황에서 사용하는지 생각해보면 의외의 사실을 알 수 있습니다. 매트리스는 당연히 잠을 잘 때 사용합니다. 하지만 누워서 빈둥거리며 스마트폰을 보거나, 책을 읽거나, 스트레칭을 하거나, 동영상을 보거나, 남들이 보면 질색할 행동이지만 과자나 아이스크림을 먹기도 합니다. 사실 매트리스는 수면 이외에 '세컨드 거실'로 기능하고 있습니다. 즉 침대는 잠만 자는 곳이 아니라 누워서 지내는 장소라고도 할 수 있습니다.

이처럼 매트리스를 사용하는 사람의 심층 심리에는 '사실은 누워서 뒹굴거리며 지내고 싶다'라는 인사이트가 숨어 있었습니다. 그러나 동시에 '침대에서 빈둥거리며 시간을 보내는 건 자기관리가 안 된 사람의 행태'라는 생각 때문에 좀처럼 의식화나 언어화되지 못하던 인사이트이기도 했습니다.

그래서 슬리피 토푸는 타이완의 이미지와 두부에서 따온 이름이 자아내는 부드러운 분위기를 차용해 '침대에서 빈둥거려도 괜찮아'라는 프로포지션을 내세웠습니다. 이는 코로나19 이후의 분위기, 다시 말해 자기 자신을 사랑해주고 너그럽게 대하자는 자애慈愛 문화와도 통하는 바가 있습니다.

5장_ 이질적인 대상과 결합한다

슬리피 토푸는 이러한 프로포지션을 바탕으로 '누워서 빈둥거릴 수 있는 타이완 음식점'이라는 아이디어를 떠올리고, 슬리피 토푸 매트리스를 좌석으로 꾸며 타이완 음식을 제공하는 팝업 레스토랑을 기획했습니다. 침대에서 타이완 음식을 먹고, 차를 마시고, 배가 부르면 편하게 누워서 쉬는 것이죠. 격식 있는 행동은 아니지만 '뭐 어때, 다들 집에서는 이렇게 지내잖아'라는 메시지를 더했습니다.

'누워서 빈둥거릴 수 있는 타이완 음식점'이라는 아이디어는 언뜻 기발해 보일지도 모릅니다. 하지만 '인사이트 → 프로포지션 → 아이디어'라는 순서에 따라 사고를 반복한 끝에 도달한 크리에이티브 점프입니다.

문제 해결 아이디어는 상수와 변수의 결합

그렇다면 인사이트와 프로포지션에 대한 이해를 바탕으로, 실제로 비즈니스에 활용할 수 있는 아이디어를 만들어내는 방법을 본격적으로 살펴봅시다.

먼저 대전제로, 대부분의 훌륭한 아이디어는 마법처럼 어디선가 나타난 것이 아니라 기존의 제품이나 서비스의 결합으로 성립됐다는 점을 잊어서는 안 됩니다. 펜과 지우개를 결합한 파이롯트의 프릭션, 게임과 산책을 결합한 포켓몬고 등 결합의 사례는 너무 많아 일일이 셀 수 없을 정도입니다.

크리에이티브 점프를 만들어내는 대부분의 아이디어도 요소와 요소의 결합으로 이루어져 있습니다. 여기에서 포인트는 단지 재미있는 아이디어를 고안하는 것이 아니라 '사업을 가로막는 벽을 타파하는' 문제 해결책으로서의 아이디어를 생각해내야 한다는 점입니다. 그렇기에 아무 요소나 되는 대로 조합해서는 안 됩니다. 한쪽은 반드시 자기 자산으로 고정하고, 거기에 색다른 요소를 결합해야 합니다. 즉 크리에이티브 점프를 만들어내는 아이디어는 '상수×변수'라는 방정식으로 표현할 수 있습니다.

여기서 말하는 '상수'는 자신의 자산, 즉 사업 아이템인 제품이나 서비스입니다. 제 경우에는 호텔, 슬리피 토푸는 매트리스죠. '변수'는 조합하는 대상을 가리킵니다. 변수에 무엇을 넣느냐에 따라 아이디어가 결정됩니다.

예를 들어 슬리피 토푸는 변수에 '식사'를 넣어 '매트리스×식사=누워서 식사할 수 있다'라는 아이디어를 떠올리고, 이를 단서로 '뒹굴뒹굴 타이완 음식점'이라는 기획을 구체화했습니다. 이처럼 아이디어를 떠올리는 작업은 무엇을 '변수' 상자에 넣어야 예상치 못한 화학 반응이 일어날지 예측하는 작업이기도 합니다.

카테고리별 '변수' 사고법

그렇다면 변수를 어떻게 떠올릴까요? 물론 머릿속에 떠오르는 대로 계속 넣어보아도 괜찮습니다. 하지만 시작 단계에서는 아무래도 혼자서는 생각해내기 어려운 관점도 있습니다. 그럴 때는 다음과 같이 카테고리별로 키워드를 정리해보세요. 아이디어를 떠올리기가 한결 쉬워질 것입니다.

[카테고리별 키워드 예시]

① WHO

속성: 초등학생, 싱글맘, 의료종사자, 딩크족, 배우 지망생…

② WHEN

시대: 레트로, 로마제국, 로코코양식, 복고 미래주의…

인생: 생일, 결혼식, 졸업식, 가족여행, 수학여행, 장례식…

③ WHERE

공간 및 장소: 바, 클럽, 온천, 서재, 수족관, 페스티벌…

자연: 들판, 공원, 숲, 개천, 바닷속, 나무 위, 캠핑, 설산…

④ WHAT

도시: 전철, 비행기, 오토바이, 편의점, 포장마차, 산책…

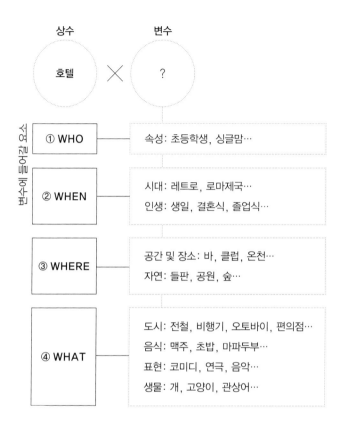

상수 변수

호텔 ✕ ?

변수에 들어갈 요소

① WHO   속성: 초등학생, 싱글맘…

② WHEN   시대: 레트로, 로마제국…
         인생: 생일, 결혼식, 졸업식…

③ WHERE 공간 및 장소: 바, 클럽, 온천…
         자연: 들판, 공원, 숲…

④ WHAT   도시: 전철, 비행기, 오토바이, 편의점…
         음식: 맥주, 초밥, 마파두부…
         표현: 코미디, 연극, 음악…
         생물: 개, 고양이, 관상어…

[변수의 요소를 카테고리별로 떠올려보자]

음식: 맥주, 초밥, 마파두부, 아이스크림, 유기농 채소…

표현: 코미디, 연극, 음악, 책, 예술, 자수, 유화, 실크스크린…

생물: 개, 고양이, 관상어, 경주마, 곤충 관찰, 안내견, 전서구…

이렇게 카테고리별로 상자 안에 들어갈 수 있는 키워드를 브레인스토밍하며 적어나가다 신경 쓰이는 단어가 있으면 다음과 같이 '상수'와 조합해 아이디어를 떠올립니다.

- 호텔×들판 = 초원 한가운데 위치한 이동식 호텔
- 호텔×포장마차 = 건물 입구가 포장마차인 변두리 호텔
- 호텔×경주마 = 은퇴한 경주마가 마차를 끄는 호텔
- 호텔×나무 위×산책 = 나무 위에 다양한 건축물이 있어 나무에서 나무로 걸어서 이동하는 나무 호텔
- 호텔×바닷속×수족관×초밥 = 창문으로 물고기를 보면서 초밥을 먹을 수 있는 해저 호텔

이 단계는 아직 좋은 아이디어와 나쁜 아이디어가 한데 섞여 있는 상태입니다. 평범하거나 느낌이 오지 않는 조합은 신경 쓰지 말고 옆으로 밀어둡시다. 만약 반짝이는 참신함을 느낀 조합이나 아이디어가 있다면, 구체적인 아이디어를 떠올리며 가능성을 넓혀봅시다.

'호텔×개'의 경우를 생각해볼까요? 다음과 같이 파고들다 보면 서비스 아이디어가 하나둘 떠오릅니다.

- 반려동물과 함께 묵을 수 있는 호텔은 이미 많다. 하지만 '반려동물 숙박 가능'을 내세울 뿐, 디자인이 좋은 곳은 많지 않다. 누가 봐도 눈에도 고급스럽게 느껴지는 호텔은 없을까?
- 개를 키우지 않는 사람이 개와 함께하는 생활을 간접 체험할 수 있는 호텔은 어떨까? '보호견이나 보호묘와의 매칭이 가능하다'라는 기능을 추가하면, 요즘 이슈가 되는 반려동물 유기 문제도 해결할 수 있지 않을까?
- 개와 고양이뿐 아니라 다람쥐, 이구아나 등 기르기 쉽지 않은 동물을 접할 수 있는 체험을 제공하는 호텔은 어떨까? 사육의 현실을 알려주면 무지한 상태로 충동구매하거나 유기하는 비극을 막을 수 있지 않을까?

이렇게 조합을 통해 연상하다 보면, 당장 실현할 수 있을 것 같은 아이디어부터 실현 가능성이 희박해 보이는 아이디어까지, 정밀한 아이디어부터 엉성한 아이디어까지 뒤섞여 떠오릅니다. 아직은 각각의 아이디어에 지나치게 공을 들일 필요는 없습니다. 지금은 애매해 보여도 그 아이디어가 딱 맞아떨어지는 상황이 올 수도 있고, 조금 수정하면 훌륭해질 가

5장_ 이질적인 대상과 결합한다

능성도 있기에 결코 헛수고가 아닙니다.

처음에는 만족스러운 아이디어가 나오지 않아 실망할 수도 있습니다. 하지만 이 사고법을 계속 연습하다 보면 점차 아이디어를 떠올리는 사고 회로가 만들어집니다. 이는 풀숲에 길을 내는 과정과 다르지 않습니다. 처음에는 잘 보이지 않아 길을 잃을 수도 있지만, 여러 번 왕래하면 희미하게 발자국이 생기기 시작합니다. 횟수가 늘어날수록 발상 감각이 탁월해지고, 마침내 확실한 길이 생겨 빠르게 앞으로 나아갈 수 있습니다.

일상에서 끊임없이 힌트를 찾는다

지금까지의 내용을 정리해보겠습니다. 아이디어를 떠올리기 위해서는 다음 3단계 과정을 거쳐야 합니다.

① 키워드를 찾아낸다.
② '상수'와 조합한다.
③ '상수×변수'를 구체화하는 아이디어를 떠올린다.

이렇게 간단한 단계로 분해한 사고 회로를 머릿속에 장착하면, 자신이 가진 자산으로부터 참신한 기획과 사업 아이디어를 만들어갈 수 있습니다.

다시 한번 강조하지만, 단순히 2가지 요소를 조합하는 것만으로는 좋은 아이디어가 떠오르지 않습니다. 우리의 목적은 사업을 가로막는 벽을 타파할 아이디어를 만들어내는 것입니다. 문제를 해결하는 크리에이티브 점프는 한 가지가 아니며, 크리에이티브 점프에 도달하는 경로 또한 다양합니다.

자기 자신과 회사가 떠올린 적 없는 아이디어를 탐구하기 위해서는 회의실에서 머리를 싸매고 고민하는 것만으로는 부족합니다. 일상생활의 모든 장면에서 아이디어의 힌트를 찾고자 부단히 노력해야 합니다.

R-시테이는 일본 프리스타일 래퍼의 등용문인 UMB에서 최초로 3연패를 달성한 뛰어난 래퍼입니다. 그는 한 매체와의 인터뷰에서 프리스타일 실력을 연마하기 위해 고등학생 때부터 일상생활에서 눈에 들어오는 모든 대상으로 라임을 맞추는 연습을 했다고 말했습니다. 역사 교과서에 나오는 위인의 이름으로, TV 뉴스에서 흘러나오는 문구로 랩을 연습한 것이죠. 이렇게 생활 속에서 얻은 자극에서 라임을 만들고 아카이빙해 두었기 때문에 필요한 상황에서 무의식적으로 꺼내 쓸 수 있는 것입니다.

사업도 마찬가지입니다. 사업을 중심으로 하루하루 다음 단계를 탐색하며 세상을 바라보는 습관을 들인다면, 남들보다 압도적으로 많은 사고 훈련을 쌓으면서 아이디어 아카이브도 자연히 늘어날 것입니다.

자화자찬 같아 민망하지만, 저는 "어떻게 그렇게 새로운 아이디어를 계속 떠올리나요?"라는 질문을 자주 받습니다. 그런데 솔직히 "자전거를 잘 타네요"와 같은 말을 듣는 느낌입니다. 일상생활에서 무엇을 보든, 어떤 이야기를 듣든 '이걸 호텔에서 시도해보면 어떨까?', '호텔로 이 문제를 해결할 수 없을까?'라고 생각하기 때문입니다. 저는 늘 그런 관점으로 세상을 바라봅니다. 그렇게 떠오른 아이디어(상수×변수)를 필요한 타이밍에 꺼내는 것뿐이죠.

즉 여러분 자신이 사업가로서 집념을 가지고 세상을 바라볼 때 아이디어도 떠오르기 시작합니다. 세상에는 사업에 확실한 변화를 가져오는 아이디어가 있습니다. 그 대부분은 사업가의 끊임없는 탐구심이 발견한 아이디어의 결합(상수×변수)으로 이루어져 있습니다.

가메야 요시나가는 200년 이상의 역사를 지닌 교토의 화과자점입니다. 요시무라 유이코는 이곳의 8대 점주와 결혼하면서 가게 일을 돕기 시작했습니다. 그런데 일을 시작하고 얼마 지나지 않아 가게가 수억 엔의 채무를 지고 있다는 사실을 알게 되었습니다. 화과자 시장은 서양과자의 인기로 해마다 축소되고 있었습니다. 특히 젊은 세대의 무관심 속에 신규고객을 획득하지 못하는 처지였죠. 요시무라는 어떻게든 매출을 올리기 위해 신제품 개발을 시도했지만, 전통의 맛을 지키려는 장인匠人에게 일축당하기 일쑤였습니다.

그럼에도 요시무라는 포기하지 않고 젊은 고객층을 확보할 방안을 끊임없이 고민했습니다. 그러던 중 가게에서 가장 인기 없는 메뉴인 '가이추 시루코(즉석 단팥죽)'의 개량에 주목하게 되었죠. 단팥소를 넣은 모나카에 뜨거운 물을 부으면 단팥죽이 되는, 아주 오래전부터 내려오는 제품입니다. 요시무라는 하루 평균 2개, 한 시즌 동안 200개밖에 팔리지 않는 이 제품을 젊은이들이 좋아하는 제품으로 탈바꿈시키기 위해 시행착오를 반복했습니다.

그런 끝에 요시무라가 떠올린 아이디어는 '화과자×점치기'였습니다. 뜨거운 물을 부으면 모나카가 녹아 단팥이 풀리는 점에 착안해 모나카 안에 벚꽃이나 하트 모양 젤리를 넣어 운세를 점칠 수 있게 만들었더니 젊은 여성들이 무척 좋아했습니다. 한 시즌에만 약 2만 5,000개가 판매되었고, 덕분에 매출도 125배나 증가했습니다.

요시무라가 그다음에 도전한 제품은 양갱이었습니다. 1년에 50개 정도밖에 팔리지 않는 고민거리였죠. 요시무라는 매일 아침 아들의 아침 식사로 토스트에 단팥을 바르면서 '너무 번거로워. 슬라이스 치즈처럼 간단하게 얹어서 먹을 수 있으면 좋을 텐데'라고 생각했습니다. 그리고 이 인사이트를 계기

5장_ 이질적인 대상과 결합한다

로 얇게 썰어 필름으로 포장한 '슬라이스 양갱'을 개발했습니다.

'화과자'와 '토스트'의 결합으로 태어난 이 아이디어는 판매를 시작한 지 3년 만에 1,000배의 매출을 올리며 연간 15만 봉 이상 판매되는 대히트 상품이 되었습니다. 양갱의 모양과 포장을 조금 바꾼 것만으로 큰 성과를 이룬 것이죠. 결합으로 탄생한 아이디어가 사업에 비연속적인 성장을 가져다주며, 가로막은 벽에 커다란 바람구멍을 뚫어준 것입니다.

변수가 다양할수록 지평이 넓어진다

저희가 호텔이라는 자산을 가지고 도전했던 수많은 프로젝트 역시 '호텔×변수'라는 방정식에 맞춰 생각한 끝에 만들어졌습니다. 앞서 소개한 '졸업 논문 집필 패키지'는 '호텔'과 '졸업 논문'을 결합한 것이죠. 졸업 논문 작업에 큰 어려움을 겪고 있던 대학생들의 인사이트에서 영감을 받은, 금욕적으로 논문 집필에 매진할 수 있는 숙박 플랜 아이디어는 시장의 잠재적 니즈를 발굴했습니다. 대학생뿐 아니라 마감에 쫓기는 동인 작가나 사회인도 집중해 작업에 몰두할 수 있는 숙박 플랜 '원고 집필 패키지'는 '호텔'과 '원고'의 결합으로 태어났습니다.

아이디어가 실제로 사업으로 이어진 사례를 몇 가지 더 소개하면 다음과 같습니다.

호텔×독서: 밀린 책 해소 패키지

'원고 집필 패키지'가 성공을 거두자 '원고를 쓰지는 않지만 이 패키지를 이용하고 싶다'는 목소리가 여기저기에서 들려왔습니다. 이에 직원의 아이디어로 읽지 않고 쌓아둔 책을 소화하는 숙박 플랜을 개발했습니다. 온천 안에서도 읽을 수 있는 소설책을 구비하고, 고객이 다 읽은 책을 기증할 수 있는 시스템을 구축하는 등 독서에 특화된 숙박 체험을 제공해 매달 꾸준하게 예약을 획득할 수 있었습니다.

호텔×확정신고: 확정신고 패키지

'졸업 논문 집필 패키지'와 '원고 집필 패키지' 등의 성공 요인을 분석한 결과를 바탕으로 저희는 '빨리 완수해야 하지만 좀처럼 손대지 못하고 있는 작업을 시작할 수 있도록 환경을 바꾸고 싶다(료칸에서의 숙박)'라는 소비자의 인사이트에 주목했습니다. 누구에게나 그런 일이 있죠. 제게도 있습니다. '좀처럼 손대기 힘들고 마감에 쫓기는 작업'의 끝판왕인 확정신고가 바로 그것입니다. 저 같은 이들을 위해 회계법인과 협업

5장_ 이질적인 대상과 결합한다

해 회계사가 호텔에 상주하면서 투숙객의 질문에 친절하게 답변해주는 숙박 플랜을 기획했습니다. 단순히 '체류 환경을 바꾼다'에서 한 걸음 더 나아가 '전문 지식을 가진 전문가가 생활을 서포트한다'에 초점을 맞춘 숙박업의 역할을 실천한 것이죠.

호텔×클럽: 헤이세이 라스트 서머

대학 시절에 클럽에 자주 다닌 친구가 있었습니다. 그 친구는 막차가 끊기면 너무 졸리고 피곤하지만 첫차가 다닐 때까지 억지로 춤을 춘다고 했습니다. 새벽에 번화가에 나가보면 녹초가 되어 건물 처마 밑에 주저앉아 있는 사람을 쉽게 볼 수 있습니다. 클럽은 호텔 밀집지에 있는 경우가 많습니다. 호텔과 클럽은 '밤새워 놀 수 있다'라는 공통점이 있는, 보완관계 또는 공생관계의 공간이라고 생각할 수 있습니다.

밤새 시끄러운 음악 속에서 춤을 추는 건 쉬운 일이 아닙니다. 음악에 몸을 맡기다가도 피곤해지면 즉시 돌아가 쉴 수 있는 건강한 음악 체험 장소. 저는 호텔 공간 전체를 그런 클럽으로 만들기 위한 아이디어를 구상하고 있었습니다.

그러던 중에 '호텔 쉬 오사카'를 개업한 2017년 12월, 당시 일본의 왕이었던 아키히토(현재는 상왕)의 생전 퇴위가 발표되었습니다. 우리 세대가 태어나 자란 헤이세이 시대

(1989~2019년)가 끝난다는 사실이 제법 충격으로 다가왔습니다. 갑작스러운 발표여서 헤이세이 시대를 돌아보며 누군가와 차분히 소회를 나눌 여유도 없었습니다. 그 와중에 세상은 아무렇지도 않게 새로운 연호를 향해 움직이고 있는 현실이 쓸쓸하게 느껴졌습니다.

그래서 같은 세대로서 저와 정서를 공유하는 사람들과 함께 헤이세이 시대를 되새기며 이별을 고하기 위해 헤이세이의 마지막 여름이 끝나는 2018년 8월 31일에 헤이세이 시대의 히트곡이 흘러나오는 숙박형 올나이트 페스티벌 '헤이세이 라스트 서머'를 개최하기로 했습니다. '호텔 쉬 오사카'에서 10명의 DJ가 점심시간에 교내 방송에서 흘러나오던 히트곡을 계속 틀어주는 색다른 음악 이벤트였습니다. 이벤트 공개 당일 준비한 40개 객실을 포함해 입장권이 모두 판매되었습니다. 이벤트 당일에는 수용 인원의 최대치인 200여 명이 호텔에 방문했습니다.

처음 만나는 사람들이 수많은 히트곡을 들으며 헤이세이의 추억을 이야기하고 시대의 변화를 받아들인 뜻깊은 이벤트였습니다. 대중 매체에서 특집으로 크게 보도해 호텔이라는 공간이 가진 가능성을 넓히는 계기가 되기도 했죠.

이 이벤트는 '호텔×클럽×헤이세이'라는 삼중 결합으로 이루어져 있습니다. 호텔에서 클럽처럼 춤만 추는 것이었다

면 신나는 이벤트가 됐을 수는 있지만 언론에서 주목할 정도
의 파급력은 없었을 것입니다. 여러 가지 변수를 결합하면 한
층 더 개성 있는 기획으로 도약할 수 있습니다.

가치를 재정의해 다양한 시장에 접근한다

호텔에 머문다는 건 어떤 세계관을 바탕으로 공들여 만들어
진 공간 속에 몰입하는 체험이기도 합니다. 그렇게 생각하면
호텔과 미술관은 '창작자의 세계관에 몰입할 수 있는 장소'라
는 공통점으로 연결되어 있습니다. 호텔을 미술관이나 갤러
리처럼 꾸민 숙박 체험도 가능할 것 같다는 발상으로부터 여
러 기획이 탄생했습니다.

호텔×시: 시의 호텔

'호텔 쉬 교토'의 컨셉이 '땅끝에 자리한 여행의 오아시스'라
는 점에 착안해 시인 사이하테 다히와 협업하여 호텔에서 시
를 감상하는 숙박 체험인 '시의 호텔'을 기획했습니다. 거울,
창가, 천장, 방 열쇠 등 호텔 객실 곳곳에서 사이하테의 시를
감상할 수 있게 했죠. 처음에는 호텔의 비수기인 10~12월에
만 진행할 예정이었는데, 연장을 희망하는 사람이 많아 벚꽃

관광 시즌이 시작되는 3월까지 6개월 동안 진행했습니다.

호텔×음악: 호텔 큐어

오사카 출신 아티스트 '시럽'이 새 앨범 〈cure〉를 발매하는 시기에 맞춰 '호텔 쉬 오사카'를 '호텔 큐어Hotel cure'로 탈바꿈했습니다. 〈cure〉에 수록된 12곡의 세계관을 객실 하나하나에 표현했죠. 지금까지 본 적 없는 아주 독특한 기획으로 평가받았습니다. 아티스트와 음악의 세계관 속으로 들어가 하룻밤을 보내는 경험, 정말 멋지지 않나요? 시럽은 '호텔 큐어'를 무대로 앨범에 수록된 곡을 소개하는 온라인 라이브 공연을 개최하기도 했습니다. 이를 통해 세계관에 몰입하는 공간으로서 호텔이 가진 가능성을 모색할 수 있었습니다.

호텔×연극: 잠자는 극장

'잠자는 극장'은 저희 직원이 기획을 제안하고 직접 주도한 프로젝트입니다. 이 또한 '세계관에 몰입할 수 공간'이라는 호텔의 가능성을 추구한 프로젝트였습니다.

호텔은 하나의 쇼에 비유되곤 합니다. 화려한 무대(호텔의 외양)가 존재하고, 의상(유니폼)을 입은 배우들(호텔리어)이 각자의 역할을 다하며 관객(투숙객)의 특별한 하룻밤을 연출합니다. 투숙객은 당연하게 느낄지 모르지만 호텔 관계자들은 고객의 체험이 멋지게 이어질 수 있도록 24시간 쇼를 연출합니다. 이처럼 호텔과 연극은 '무대 장치와 배우의 힘으로 이야기의 세계에 몰입하는 장소'라는 공통점이 있습니다.

'이머시브 시어터immersive theater'라는 말을 들어본 적이 있나요? '몰입형 연극'이라는 새로운 연극 기법입니다. 일반적인 연극은 관객이 객석에 앉아 무대에서 진행되는 이야기를 일방적으로 바라보는 구조입니다. 연극뿐 아니라 영화, 소설, 만화 등 대부분의 엔터테인먼트는 이런 형식을 띱니다.

그런데 이머시브 시어터는 정해진 객석이나 무대가 존재하지 않습니다. 공간 전체가 무대입니다. 관객도 이야기의 등장인물 중 한 사람이 되어 자유롭게 무대를 돌아다니거나 배우와 소통하는 등 주체적으로 행동하며 이야기를 체험합니다. 관객이 어떤 선택을 하느냐에 따라 이야기의 전개가 달라지기도 하고, 결말이 좌우되기도 합니다.

지금은 이머시브 시어터가 많이 알려졌지만, 저희가 아이디어를 떠올린 2019년까지만 해도 일본에서는 거의 알려지지 않은 생소한 개념이었습니다.

호텔은 소재 지역에 따라 성수기와 비수기가 뚜렷합니다. 지역의 관광 콘텐츠가 사라지는 비수기에 저가 경쟁에 빠지지 않으려면 많은 사람이 강한 동기를 가지고 찾아오도록 만들어야 합니다.

'어떻게 하면 호텔에 묵는다는 숙박 체험 자체에 특별한 부가가치를 부여할 수 있을까?'라는 문제의식을 바탕으로 생각한 것이 '호텔 공간에서 이머시브 시어터를 상연한다'라는 아이디어였습니다. 체크인하고, 저녁 식사를 즐기고, 밤을 보내고, 아침 식사를 하고, 체크아웃하는 일련의 호텔 체험에 연극의 힘으로 강한 이야기성을 부여함으로써 투숙객들에게 아주 특별한 경험을 제공하고자 했습니다.

'잠자는 극장'은 그 어디에서도 유례를 찾을 수 없는 아이디어였습니다. 프로젝트 책임자의 열의에서 출발해 많은 사람의 도움으로 2020년에 첫선을 보였습니다. 처음에는 코로나19의 영향으로 불가피하게 온라인으로 상연해야 했지만, 2021년에는 본래 취지에 맞춰 '호텔 쉬 교토'에서 한 달 동안 진행할 수 있었습니다. 많은 팬의 지지를 받아 장기 공연이 이어졌고, 2023년에는 교토와 오사카 두 곳의 호텔에서 5개월 연속 공연을 진행했죠.

'잠자는 극장' 덕분에 두 호텔의 비수기가 사라졌다고 해도 과언이 아닙니다. 프로젝트를 시작하고 나서 13작품, 465회 공연을 개최했고, 9,000여 명이 관람해 약 2억 엔의 매출을 달성했습니다. 이처럼 가치의 재정의를 통해 이질적인 대상과 결합하면, 다양한 시장에 어필할 수 있습니다.

단일한 가치만 제공하면 특정한 시장에만 접근할 수 있다.

가치의 재정의로 다양한 시장에 접근할 수 있다.

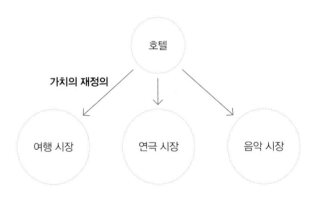

[이질적인 대상과의 결합으로 다양한 시장에 가치를 제공할 수 있다]

숙박에서 생활 환경으로 그리고 '돌봄'의 가치로

코로나19 상황에서 호텔과 사회복지를 아우르는 아이디어도 많이 생겨났습니다. 제 주위에 창업을 희망하는 이들이 많은데, 그들 중 상당수가 "일본에는 페인 포인트 Pain Point 가 없다"라고 말하며 투덜거렸습니다. 페인이란, 대가를 치르더라도 해소하고 싶은 고민이나 문제를 말합니다. 일본인들은 이미 풍요한 환경에서 비교적 윤택하게 생활하고 있기에 고통을 느끼는 지점, 다시 말해 신사업 기회가 없다는 이야기입니다.

저는 그 말에 동의하지 않습니다. 하지만 일본 시장은 이미 상당히 성숙한 상태이기에 어떤 사업이든 시작하려면 다수의 선행주자들을 쫓아 죽을 각오로 임해야 한다는 의미에서는 일리가 있다고 생각합니다.

그러나 코로나19의 충격으로 이 양상은 완전히 달라졌습니다. 전 세계 80억 인구가 일순간에 라이프스타일의 변화를 강요당하며 가혹한 신체적·사회적 페인 포인트에 직면했습니다. 그리고 그 고통을 해소하기 위해 대기업도, 스타트업도 모두 같은 출발선에 서게 되었습니다.

전 세계적으로 새로운 과제가 주어지고 기존의 성장 경쟁이 초기화된다고 생각하자, 작은 기업인 저희도 세상에 만연한 문제를 해결할 수 있을지도 모른다는 생각이 들었습니다. 그리고 그런 관점으로 세상을 바라보자 '생활 환경을 제공할

5장_ 이질적인 대상과 결합한다

수 있는 장소'라는 호텔 본연의 장점이 새삼스레 각별하게 느껴졌습니다.

이 세상에는 정보를 제공할 수 있는 사업자도, 물건을 제공할 수 있는 사업자도 넘쳐납니다. 하지만 환경을 제공할 수 있는 사업자는 그렇게 많지 않습니다. 하물며 긴 시간을 보내는 '생활 환경'을 제공할 수 있는 사업자는 숙박업 정도입니다.

코로나19 시기에 저는 '사람이 사람을 돌보는 공간'으로서 다양한 생활 환경을 연출할 수 있다는 호텔의 새로운 가치를 발견했습니다. 그리고 고민 끝에 '호텔'과 '쉘터'를 결합해 '호텔 쉘터HOTEL SHE/LTER'를 기획했습니다.

팬데믹 당시 SNS에는 'stay home, stay safe(안전하게 집에 머물라)'라는 합창이 울려 퍼지고 있었습니다. 물론 전염병 확산을 막으려면 사람들이 이동을 최대한 자제해야 합니다. 하지만 호텔에서 일하는 사람들에게 'stay home'은 일자리를 잃을 수 있다는 뜻이기도 했습니다. 더욱이 필수노동자들은 집에 머물 수도 없고, 자기 집으로 돌아가는 것이 반드시 안전하지도 않은(가족을 감염시킬지도 모르는) 상황을 지켜보면서 사회 구조의 거대한 모순을 느끼고 있었습니다.

그때 문득 집에 머무는 것이 편하거나 안전하지 않은 사람들이 필수노동자만이 아니라는 사실을 깨달았습니다. 가정

내 폭력이나 학대에 노출된 사람, 혼자만의 시간과 공간이 절대적으로 필요한 사람 등 집 이외의 선택지가 필요한 사람이 적지 않았습니다.

저는 이 깨달음을 바탕으로 가동률이 떨어진 호텔과, 집에 머무는 게 최선의 선택지가 아닌 이들을 연결하는 플랫폼 '호텔 쉘터'를 기획했습니다. 그리고 곧바로 엔지니어들과 밤낮없이 개발에 몰두해 2020년 4월, 긴급 사태 선언 2주 후에 플랫폼을 세상에 공개했습니다.

이는 일본 전국에 흩어져 있는 호텔에 일주일 동안 최소 2만 5,000엔을 지불하고 숙박할 수 있는 서비스였습니다. 서비스가 출시된 지 일주일 만에 500여 명이 대기자 명단에 이름을 올렸고, 호텔 사업자들로부터 2,000실 이상의 게재 의뢰가 쇄도했습니다. 20개가 넘는 매체에 소개되고 오사카시 미나토구와 포괄 제휴 협정을 체결하는 등, 사회적 인프라로서 호텔의 역할에 첫발을 내딛는 도전이었습니다.

강력한 아이디어는 상식을 배반하는 조합에서 나온다

아이디어를 구상할 때의 핵심은 '상식을 배반하는' 조합을 의도하는 것입니다. 상식에 따라, 이론에 따라 만들어진 어디서

5장_ 이질적인 대상과 결합한다

본 듯한 아이디어는 금세 묻혀버리기 때문입니다. 정석을 벗어난 아이디어이기에 놀라움을 주고, 사람들의 마음이 저도 모르게 움직이는 것입니다.

'호텔×프랑스 요리'를 생각해봅시다. 호텔에서 프랑스 요리를 풀코스로 즐기는 건 별로 특별하지 않습니다. 오히려 평범하다고도 할 수 있죠. 그렇다면 '호텔×시샤(물담배)'는 어떨까요? 시샤는 상가 건물 구석에 있는 어두컴컴한 술집에서 제공되는 것이 일반적입니다. 호텔에서 시샤를 제공하는 경우는 거의 없죠. 그런 일이 생긴다면 '도대체 무슨 일이지?'라며 궁금증을 갖게 될 것입니다.

그런데 그런 일이 저희 호텔에서 벌어지고 있습니다. 소운쿄 온천 호텔에서는 수증기 자욱한 현지 분위기를 극대화하고자 저녁 식사 코스가 끝나면 시샤를 즐기는 시간을 마련했습니다. 호평을 받아 멀리서 방문해주시는 분들도 많죠.

다른 관점에서, '호텔×프랑스 요리'가 식상하다면 '호텔×프랑스 요리×모래사장'은 어떨까요? 호텔에서 프랑스 요리를 즐기는 건 그리 놀랍지 않지만, 파도가 치는 해변에서 바닷바람을 느끼며 프랑스 요리를 즐긴다면 이야기가 달라집니다. 의외성도 있고 아름다운 정경도 떠올라 매력적으로 느껴질 것입니다.

저희 회사는 오가사와라 제도 치치지마 섬에 있는 '풍토의 집' 오베르주의 리브랜딩을 담당한 적이 있습니다. 이곳에는 해가 질 무렵 근처 해변에서 샴페인이나 식사를 즐기는 '선셋 아페리티보'라는 서비스가 있습니다. 이렇게 상식의 틀에서 벗어나 이질적인 대상을 결합하면 사람들의 마음을 사로잡을 수 있습니다.

저는 '규칙을 깨지 않고 규칙 밖으로 나가기 위해서는 규칙을 배워야 한다'라는 말을 신조로 삼고 있습니다. 상식을 배반하기 위해서는 먼저 세상의 상식을 정확하게 파악해야 합니다. 이런저런 것에 대한 세상의 일반적인 관점은 무엇인지, 사람들이 무의식적으로 가지고 있는 선입견은 무엇인지 이해해야 하죠. 그런 다음에 그것들을 배반할 수 있는 방법을 찾는 것이야말로 돌파력 있는 아이디어를 떠올리기 위한 필수 조건입니다.

6장

추천 포인트를 디자인한다

입소문 타는

이야기를

만들어내는 방법

'어떻게 발신할지'에서 '어떻게 발신하게 만들지'로

이번 장에서는 아이디어(또는 기획)를 세상에 퍼트리기 위한 PR의 사고방식, 다시 말해 사람들의 입에 널리 오르내리게 만드는 방법에 관해 이야기하고자 합니다.

아무리 머리를 쥐어짜며 참신한 아이디어를 생각해내도 세상 사람들이 알아주지 않아 구매 행동으로 이어지지 않는다면 탁상공론일 뿐입니다. "좋은 아이디어네", "멋진 프로젝트네"라고 말하는 것에 그치지 않고 비약적인 성장을 가져다주는 크리에이티브 점프를 구현하려면 아이디어를 세상에 제대로 퍼트릴 필요가 있습니다.

이렇게 말하면 '발신을 강화합시다'라는 반응이 나오기 십상입니다. 그런데 제 생각은 전혀 다릅니다. 저는 종종 이런 질문을 받습니다.

"어떻게 SNS에 효과적으로 알리죠?"

결론부터 이야기하면 핵심은 '어떻게 발신할지'가 아니라 '어떻게 발신하게 만들지'입니다.

만약 어떤 기업의 계정 팔로어가 1만 명이라면, 1만 명에게 정보가 닿을 수 있습니다. 하지만 1,000명의 팔로어를 가진 인플루언서 100명이 발신해준다면 10만 명에게 정보가 닿을 수 있습니다. 다시 말해 직접 발신하는 것보다 다른 사람을 통해 제품이나 서비스의 정보를 세상에 알리는 것이 훨씬 효과적이고 중요합니다. 어디까지나 그것을 위한 소재 제공 차원에서의 정보 발신, 다시 말해 '추천 포인트를 디자인하는 일'이 사업자의 역할입니다.

제가 이렇게 생각하는 이유는 2가지입니다. 첫 번째는 통상적인 광고나 프로모션으로는 콘텐츠 업체들과의 경쟁에서 우위를 유지하기가 어렵기 때문입니다. 엔터테인먼트 춘추전 국시대의 거친 파도 속에서 아이돌을 비롯해 개그맨, 아티스트, 유튜버, 틱톡커, 팟캐스터 등 무수한 콘텐츠 크리에이터가 각축전을 벌이고 있습니다. 과연 그들이 만들어내는 콘텐츠보다 여러분이 발신한 정보가 사람들의 관심을 더 많이 끌 수 있을까요?

물론 가능성이 전혀 없는 것은 아닙니다. 광고가 무의미하다는 이야기도 아닙니다. 그러나 재미있는 콘텐츠가 넘쳐나는 세상에서 소박한 발신은 사람들의 관심을 받지 못할 가능성이 매우 높은 게 사실입니다.

두 번째 이유는 사회적으로 미디어 리터러시(문자화된 기록물을 통해 지식과 정보를 획득하고 이해할 수 있는 능력)가 향상됨에 따라 대중 매체나 이해관계자가 발신하는 정보는 거짓일 수 있다는 인식이 사회 전반에 공유되면서 정보에 대한 신뢰도가 낮아지고 있기 때문입니다.

SNS가 보편화되면서 정보의 비대칭성이 크게 완화되었습니다. 소수가 독점하는 정보는 점차 사라지고, 이제는 실제 커뮤니티에서 교환되는 정보가 가치를 지닙니다. TV 광고 등에 막대한 비용을 들인 대중 마케팅의 영향력은 여전히 대단하지만, 소비 행동에 미치는 영향은 과거만 못합니다. 마케팅의 주된 전쟁터는 실제 소비 현장에 가까운 마이크로 인플루언서(팔로어 500~5,000명 정도의 일반인 SNS 이용자)로 이동하고 있습니다.

실제 가치에서 사회관계자본 가치의 시대로

요즘 젊은 세대 중에는 시계도, 차도, 집도 구매하지 않는 사람이 많습니다. 수입 감소나 공유경제 등이 주요 원인으로 꼽히지만, 대중 매체와 광고를 곧이곧대로 받아들이지 않고 각자의 가치관으로 판단하게 된 시대 배경도 생각해볼 필요가 있습니다.

그리고 더 근본적인 원인으로, 예를 들어 '친구가 입은 브랜드의 옷을 산다'라는 행동으로 상징되는 소비 가치관의 변화를 들 수 있습니다. 어느 제품을 구매해도 품질에는 큰 차이가 없고 얻을 수 있는 효용이 거의 같다면 스스로 의미와

미의식을 부여하는 소비, 다시 말해 정신적 만족을 높이고 신뢰나 네트워크 등의 사회관계자본을 늘릴 수 있는 소비를 추구하는 경향이 강해지고 있습니다.

플랫폼이 거대해지면서 중간 사업자가 설 자리를 잃고, 대규모 사업자와 소규모 사업자 중심의 롱테일 시장*이 형성된 것도 하나의 원인일 것입니다. 전혀 알지 못하는 누군가가 아니라 친구나 지인 그리고 친밀한 커뮤니티를 통해 제품을 구매하는 경우가 늘고 있죠.

그렇기 때문에 사업자가 제품이나 서비스를 구매하고 이용하는 한 사람 한 사람의 얼굴이나 배경을 의식하지 않는다면 유의미한 성과를 창출하기 어렵습니다. 내가 잘 아는 단골, 나를 믿고 구매해주는 팬덤이 필요합니다.

이 말이 커뮤니티 비즈니스를 하라는 뜻은 아닙니다. 개인의 인간적 매력이나 서사에 기댄 전략은 애초에 재현성이 부족해 지속적인 소비 행동을 일으키기 어렵습니다. 우리가 할 일은 세상에 이미 존재하는 커뮤니티 내부의 소통에 자연스럽게 녹아들 수 있도록 정보를 설계하는 것입니다.

---

*   소득분포 상위 20%가 아닌 하위 80%가 중심을 이루는 시장

6장_ 추천 포인트를 디자인한다

시장을 향해 정보를 발신한다.

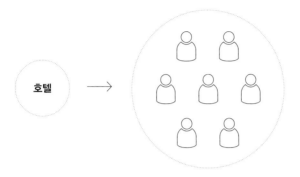

커뮤니티 내부의 정보 흐름을 의식하면서
커뮤니케이션의 소재가 되는 정보를 발신한다.

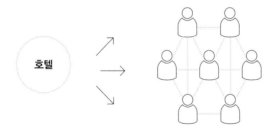

[거대 시장에서 친밀한 커뮤니티, 정보 발신 대상이 달라진다]

혁신확산이론과 인간 심리

여러분이 속해 있는 커뮤니티를 떠올려보세요. 커뮤니티라고 해서 비슷한 사람들만 있는 건 아닐 것입니다. 다양한 사람이 커뮤니티 안에서 각자의 역할을 담당하고 있습니다. 예컨대 음악이라면 A, 음식이라면 B, 패션이라면 C와 같이 분야마다 인정받는 사람이 있습니다. 그런 오피니언 리더의 추천을 받아 의사결정을 하는 경우도 적지 않습니다. 특히 구매해야 할 결정적 근거가 부족할 때 친밀한 권위자의 의견을 따르면 검토 시간과 실패 위험을 줄일 수 있습니다. 그런 점에서 소비 의사결정은 이해관계가 없는 제삼자의 추천에 크게 좌우된다고 할 수 있습니다.

혁신확산이론Diffusion of Innovations Theory이라고 들어보셨을 겁니다. 많은 사람이 마케팅 전략과 시장의 라이프사이클을 검토할 때 참고하는 이론이죠. 신제품, 서비스, 라이프스타일, 사고방식 등이 사회에 침투하는 과정을 다섯 집단으로 분류한 마케팅 이론으로, 1962년 미국 스탠퍼드 대학 교수 에버렛 로저스가 창안했습니다. 그의 저서《혁신의 확산Diffusion of Innovations》에 따르면 소비자는 다음과 같이 다섯 집단으로 구분할 수 있습니다.

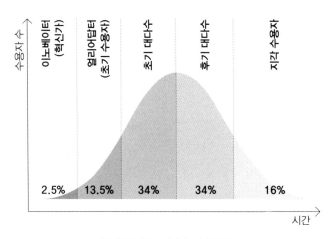

수용자 수

이노베이터
(혁신가)

얼리어답터
(초기 수용자)

초기 대다수

후기 대다수

지각 수용자

2.5%　13.5%　34%　34%　16%

시간

[혁신확산이론: 소비자의 5가지 유형]

① 이노베이터(혁신가)

가장 빨리 혁신(새로운 제품이나 서비스, 가치관)을 받아들이는 집단으로, 전체 시장의 약 2.5%를 차지합니다. 정보에 민감하고 모험을 좋아하며, 경제적 손실 등의 위험을 감수하고서라도 혁신을 적극적으로 수용합니다.

② 얼리어답터(초기 수용자)

이노베이터만큼 선진적이지는 않아도 비교적 빠르게 혁신

을 수용하는 집단으로, 전체 시장의 약 13.5%를 차지합니다. 커뮤니티 안에서 전문가로 여겨지며, 오피니언 리더로서 주위에 자신의 의견을 적극 전달하는 경향이 있습니다.

③ 초기 대다수

시장 평균보다는 먼저 혁신을 수용하지만 비교적 신중한 자세를 취하는 집단으로, 전체 시장의 약 34%를 차지합니다. '유행에 뒤처지고 싶지 않다'라는 욕구가 강해 대중 매체나 입소문에 크게 영향을 받는 경향이 있습니다.

④ 후기 대다수

혁신을 수용한 사람이 절반을 넘으면 검토를 시작하는 집단으로, 전체 시장의 약 34%를 차지한다. 새로운 대상에 회의적이고 소극적이며, 불확실 요소를 배제한 뒤 신중하게 수용 여부를 판단합니다.

⑤ 지각 수용자

혁신을 가장 늦게 수용하는 집단으로, 전체 시장의 약 16%를 차지합니다. 새로운 대상에 거부감이 있고, 인지에서 의사 결정까지 시간이 오래 걸립니다. 상당히 주의 깊게 살핀 뒤 수용을 검토하거나, 끝까지 거부하는 경우도 있습니다.

혁신확산이론을 이해할 때 한 가지 주의할 점이 있습니다. 이 이론은 어떤 사람을 혁신적 또는 보수적이라고 재단하는 내용이 아닙니다. 예를 들어 아이폰이 처음 등장했을 때는 고집스럽게 폴더폰을 사용한 지각 수용자였지만, 사우나가 유행할 때는 얼리어답터로서 전국의 사우나를 순례하는 사람도 있습니다. 혁신확산이론은 어디까지나 특정 가치관, 라이프스타일, 제품 등에 어떻게 반응하는지를 보여주는 이론입니다.

인간은 모방하는 동물이다

혁신확산이론에서 가장 주목해야 하는 부분은 이노베이터와 얼리어답터를 제외한 시장의 84%는 팔로어이자 주변 사람들의 선택을 모방하는 소비자라는 점입니다. 여러분도 자신의 행동을 한번 돌아보세요. 예를 들어 여행지를 결정할 때 100% 본인의 의사로 결정하나요? "주변에 튀니지에 가본 사람은 없지만, 나는 무조건 갈 거야!"라고 말하는 사람은 흔치 않습니다. 대부분의 사람은 "친구가 핀란드에서 사우나를 했는데 너무 좋았대", "아는 사람이 호주에 다녀왔는데 환상적이래"와 같이 말하며 여행지를 정할 것입니다. 사람들은 여러 상황에서 다른 사람의 행동 패턴을 흉내 냅니다. 즉 모험을 하기보다는 주변 사람들이 가는 곳을 가고, 사는 물건을 따라

삽니다.

그렇다면 어떤 커뮤니티의 이노베이터나 얼리어답터에 해당하는 16%의 사람이 '방문한 장소'나 '사용한 제품'에 우리 제품이나 서비스가 포함된다면, 자연스럽게 다음 고객을 불러들이는 선순환을 만들 수 있습니다. 예를 들어 30명 규모의 커뮤니티에 3~5명의 이용자나 팬이 존재하면 이론상으로는 '모두 방문/사용하고 있어서 관심이 생기는' 화제의 제품이나 서비스가 될 수 있습니다. 제 경험으로도 그렇습니다.

고작 수십 명의 커뮤니티에 알려져봐야 사업의 성장 곡선을 바꾸는 효과는 미미하다고 생각하는 사람도 있을 것입니다. 핵심은 '네트워크의 폐쇄성closure'이라는 개념입니다. 이것은 '모두 ○○하고 있다'라고 이야기할 때 '모두'의 범위가 과연 어디까지냐 하는 것입니다. 어린아이는 "친구들 모두 발레를 하니까 나도 배울래!"라고 말하며 떼를 쓰곤 합니다. 그럴 때 실제로 발레를 배우는 친구들을 말해보라고 하면 몇 명에 불과한 경우가 많습니다. 여러분의 일상을 생각해봐도 비슷한 예가 있을 것입니다.

이렇게 '모두 ○○하고 있다'라는 인상은 대단히 위험하지만, 그와 동시에 모호함을 역으로 이용해 '모두 ○○하고 있다'라고 착각하게 만들 수 있습니다. 특히 TV를 비롯한 대중 매체의 영향력이 축소되고 있는 현대 사회에서 '모두'란 시장 전체를 가리키는 것이 아니라 그 사람이 소속된 커뮤니티의 '몇 명'에 불과할 수도 있습니다.

세상에는 수많은 커뮤니티가 존재합니다. 몇 곳의 커뮤니티에서 중심 구성원인 팬을 늘리면, 커뮤니티 전체의 마인드 셰어(소비자의 마음에서 차지하는 브랜드의 점유율)를 획득할 수 있습니다.

더욱이 각각의 커뮤니티는 분산적으로 존재하지만, 구성원들은 서로 느슨하게 연결되어 있습니다. 그렇기에 하나의 커뮤니티에서 인지한 대상(가치관, 브랜드, 제품, 서비스 등)은 연결고리 구성원을 통해 가까운 커뮤니티로 전파됩니다. 사람은 여러 커뮤니티에 소속되어 있기 때문에 한 사람이 발신하는 정보는 다수의 커뮤니티에 작용할 수 있습니다. 다시 말해 특정 집단에서 국소적으로 '모두가 이용하고 있는' 상태를 만들면, 커뮤니티 네트워크 안에서 바이럴을 통해 마치 오셀로 게임처럼 순차적으로 고객층을 넓혀나갈 수 있습니다.

그래서 특정 커뮤니티 구성원들을 우리 브랜드의 잠재 고객으로 만들기 위해서는 해당 커뮤니티의 일원이 우리 브랜드를 선택한 사실을 반드시 말해주어야 합니다. 특히 마이크로 인플루언서가 진정성 있는 '내돈내산' 후기를 발신하는 것은 매우 중요합니다.

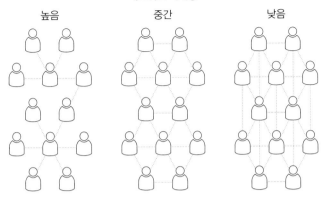

네트워크 폐쇄성

높음　　　　중간　　　　낮음

각각의 커뮤니티는 분산적으로 존재하지만,
구성원들은 서로 느슨하게 연결되어 있다.
하나의 커뮤니티에서 인지도를 얻은 개념은 가까운 커뮤니티로 전파된다.

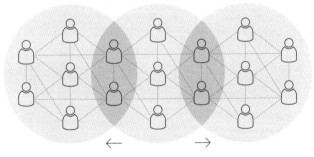

커뮤니티 C　←　커뮤니티 A　→　커뮤니티 B

←　　　　　→

[네트워크 폐쇄성과 커뮤니티]

6장_ 추천 포인트를 디자인한다

당신이 할 일은 '추천 포인트 디자인'

그렇다면 우리 브랜드를 선택했다는 사실을 커뮤니티에 말하게 하려면 어떻게 해야 할까요? 키워드는 'UCC'입니다. UCC는 기업이나 브랜드가 아니라 사용자가 제작하고 발신하는 콘텐츠를 뜻하며, 이 책에서는 특히 SNS 등에 올라온 사진, 동영상, 리뷰, 이용자 후기 등을 가리킵니다. 고객이 커뮤니티에 얼마나 매력적인 콘텐츠를 발신해주느냐가 PR 전략의 열쇠입니다.

저는 '호텔 쉬 교토'를 운영하던 2016년의 경험을 계기로 이런 생각을 하게 되었습니다. 그 당시에는 어떻게든 OTA를 거치지 않는 직접 예약 고객을 늘리고 싶어 체크아웃하는 고객들에게 10% 할인 쿠폰을 건네며 "주변 분들에게 소개해주세요"라고 말했습니다. 아마 그때 뿌린 쿠폰은 대부분 쓰레기통에 버려졌을 것입니다.

그러던 어느 날, 아무리 쿠폰을 뿌려도 "여기에 묵었어"라고 소문 내고 싶은 호텔로 만들지 않으면 아무 의미가 없다는 사실을 깨달았습니다. 한 친구가 호텔에 숙박하러 왔을 때 제게 "기념으로 사진을 찍고 싶은데 어디에서 찍는 게 좋을까?"라고 물었습니다. 그때 '호텔 쉬 교토'는 형형색색의 조명을 설치하는 등 호텔로서는 참신한 공간 연출을 시도했습니다. 하지만 막상 사진을 찍어보니 어디에서도 만족스러운 결과가 나오지 않았습니다.

나중에 그 친구의 SNS를 보니 도로에서 찍은 '호텔 쉬 교토' 간판 사진과 "쇼코가 경영하는 호텔에 묵었어"라는 글이 올라와 있었습니다. 그 포스팅에는 제가 '호텔 쉬 교토'를 통해 표현하고 싶었던 점이나 투숙객이 느끼길 바랐던 점들이 전혀 반영되어 있지 않았습니다. 오히려 친구가 호텔을 어떻게 표현해야 할지 몰라 당황한 기색이 느껴졌습니다. 고객 입장에서 '호텔 쉬 교토'는 가치를 꼬집어 설명하기 어려운 공간이라는 사실을 절감한 순간이었습니다.

당시 근무하던 한 직원에게 "우리 호텔은 멋있긴 한데 사진 찍고 싶은 장소가 없어요"라는 말을 들었을 때 정답이라고 생각했습니다. 호텔 공간을 만들면서 나름대로 개성과 새로움을 추구했다고 생각했는데, 고객들이 알리고 싶은 내용과는 큰 차이가 있었던 것입니다.

그렇다면 고객이 양질의 콘텐츠를 만들어내게 하려면 어떻게 해야 할까요? 예를 들어 친구와 술집에서 술을 마시는데 친구가 "최근에 묵었던 호텔 너무 좋았어. 방도 멋졌고, 경치도 좋았고, 정말 최고였어"라고 말했다고 가정해봅시다. 그 호텔에 꼭 묵어보고 싶다는 마음이 드나요?

상냥한 사람이라면 "그랬구나, 숙소가 좋았다니 다행이네"

라고 반응해주겠지만 그렇지 않은 사람이라면 "그랬구나"라는 한마디로 대화를 끝내버릴 것입니다. 친구가 아무리 호텔을 칭찬해도 평범한 표현으로는 주변 사람들에게 잘 전달되지 않아 방문해보고 싶다는 감정을 불러일으키지 못합니다. 표현력이 좋은 사람이라도 불확실한 매력을 누군가에게 전달할 수 있는 형태로 만들기는 쉽지 않습니다. 당연히 대부분의 사람은 그렇게까지 노력할 이유가 없을 테고요.

사람들은 대화를 나눌 때 '이 화제가 상대방에게 가치 있는 정보인가?', '이 화제로 분위기가 고조되는가?', '이 화제를 제공함으로써 나의 사회적 위상이 올라가는가?'라는 관점으로 무의식중에 판단하며 화제를 선택합니다. 뒤집어 말하면, 상대방에게 가치 있는 정보이거나 분위기가 화기애애해지는 등의 이점이 있다면 자연스럽게 화제에 오를 가능성이 커집니다.

예를 들어 친구가 이런 화제를 꺼낸다면 어떨까요?

"저번에 교토 산속에 있는 레스토랑에 다녀왔는데 정말 끝내줬어. 스물두 살, 열아홉 살, 열일곱 살 3형제가 운영하더라고. 3명 모두 칼 갈기가 취미래. 매일 3시간씩 칼을 간다지 뭐야. 그런 칼로 자른 고기를 먹었는데, '재료 손질법만 바꿔도 이렇게나 맛이 달라지는구나' 하고 감동했어. 근처 산에서 딴 산나물과 직접 기른 채소로 요리를 하는데 정말 최고야. 조금 있으면 분명 예약하기 힘들어질 테니 기회가 된다면 꼭 한번 가봐."

이런 이야기를 들으면 관심이 생기지 않을까요? "와, 어린 3형제가 운영한다니 대단한데?", "칼을 3시간이나 간다고? 미쳤다"와 같이 리액션 포인트도 많아 대화 분위기가 고조될 가능성이 큽니다.

좋은 서비스와 품질은 기본 전제입니다. '맛있다', '예쁘다', '좋았다'만으로는 사람들의 마음을 사로잡을 수 없는 시대입니다. '어떻게 좋은지'가 아니라, '어떻게 다른지'를 고객이 자신의 언어로 생생하게 이야기하고 싶어지는 서비스를 설계하는 것이 중요합니다.

'고객이 나도 모르게 다른 사람에게 알려주고 싶어지는 가게'가 되기 위한 필수 요건은 '그 가게의 정보를 화제에 올리면 대화 분위기가 고조된다'입니다. 저는 그렇게 사람들의 입에 오르내리며 입소문이 나도록 캐치프레이즈를 설계하는 작업을 '추천 포인트 디자인'이라 표현합니다. 어떻게 하면 고객들이 나도 모르게 다른 사람들에게 알려주고 싶어질지(콘텐츠를 만들고 싶어질지), 그들의 소통 장면을 상상하면서 아이디어를 갈고닦아야 합니다.

마인드셰어를 높이는 콘텐츠의 방정식

커뮤니티에서 마인드셰어를 획득하기 위해서는 콘텐츠를 온/오프라인 쌍방으로 발신해야 합니다. 콘텐츠의 효과는 다음과 같이 방정식으로 나타낼 수 있습니다.

콘텐츠의 효과 = 질 × 양
= 매칭 적합도 × 설명의 용이성

콘텐츠 효과의 극대화는 질과 양이라는 두 축이 서로 영향을 미치면서 실현됩니다. 이 책에서 이야기하는 양질의 콘텐츠는 우리 호텔에 방문해주었으면 하는 잠재 고객들의 소비 의욕을 불러일으킬 수 있는 정보를 가리킵니다. 고객과의 매칭 적합도가 높으면 투숙객의 만족도가 올라가 자연스럽게 양질의 콘텐츠가 만들어집니다. 반대로 매칭 적합도가 낮으면 부정적인 인상을 주는 콘텐츠가 만들어지거나, 설령 만족도가 높아도 본래 의도와는 맞지 않는 콘텐츠가 되어버립니다.

예를 들어보죠. 칼을 가는 방법 등 엄선된 요소를 즐기는 식도락가를 겨냥해 운영되는 산속 레스토랑이 있다고 가정해봅시다. 그런데 '연인과 좋은 분위기에서 다정하게 데이트

할 수 있다! 가성비 최고 레스토랑!'이라는 내용의 콘텐츠가 만들어지면, 그것을 보고 방문한 고객과의 미스매칭이 발생하고, 결국 브랜드 이미지 훼손으로 이어집니다. 아무리 콘텐츠가 많아도 부정적인 후기나 브랜드 취지와 어긋나는 정보는 사업의 발목을 잡을 수 있습니다.

콘텐츠는 무엇보다 내용(질)을 제어하는 것이 중요합니다. '알리고 싶은 사람에게 알리기 위한 노력'과 '알리고 싶지 않은 사람에게는 알려지지 않게 하는 노력' 모두 필요합니다.

한편 아무리 좋은 콘텐츠가 만들어져도 양이 적으면 사람들의 눈에 띌 가능성이 낮습니다. 콘텐츠의 양은 '설명하기 쉬운가'에 크게 좌우됩니다. 다시 말해 브랜드의 특이성(다른 것들과 어떻게 다른지)을 간단하게 그리고 상황을 상상할 수 있도록 쉽게 설명할 수 있는지에 달려 있습니다.

아무리 훌륭해도 '요리가 맛있고, 경치가 좋고, 직원들이 친절하다'처럼 내용이 평이하면 이야기하고 싶은 마음도, 듣고 싶은 마음도 사라집니다. 또한 매력을 전달하기 위해 복잡하게 설명하면 '어쨌든 좋긴 좋은데 설명하기 어렵다'라는 불완전 연소의 결과물이 될 수 있습니다. 앞서 소개한 레스토랑을 예로 생각해봅시다.

- 교토의 산속에 위치해 있다. → 풍경이 구체적으로 떠오른다.

- 직접 손질한 고기, 산에서 캔 나물, 직접 기른 채소로 요리한
  다. → 구매한 물건이 아니다.
- 젊은 3형제가 운영한다. → 대부분의 레스토랑은 어느 정도 경
  력이 쌓인 중년 요리사가 요리한다.
- 칼을 지나칠 정도로 열심히 관리한다. → 대부분의 레스토랑은
  식재료나 조리법을 어필한다.

이렇게 체험을 생생하게 기억할 수 있고, 특이성을 간단하
게 이해할 수 있도록 의도적으로 '설명하기 쉬운' 제품이나
서비스를 설계해야 합니다. 이는 제품이나 서비스 자체를 알
기 쉽게 만들어야 한다는 의미가 아닙니다. 그 안에 고객이
편집하거나 인용하기 쉬운 소재를 넣어두어야 한다는 뜻입
니다.

이때 참고가 되는 것이 SNS 시대의 소비자 행동 원리를 분
석한 'DRESS' 소비 모델입니다. 이는 사업가 후루카와 겐스
가 창안한 SNS 시대의 마케팅 프레임워크로, 발견Discovery, 반
응과 공감Response, 체험Experience, 이야기화Story, 공유Share의
머리글자를 따 만들어진 용어입니다. 소비자의 구매 행동 사
이클이 SNS나 입소문을 통한 발견에서 시작하고, 공유한 대
상을 다음 사람이 다시 발견한다는 순환 구조를 나타내고 있
습니다.

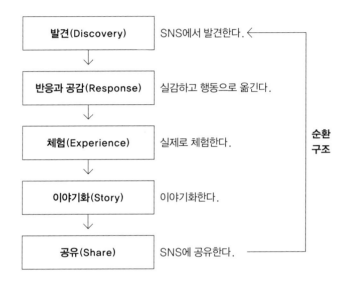

[DRESS 소비 모델]

6장_ 추천 포인트를 디자인한다

'DRESS' 소비 모델에 비추어 생각하면, 콘텐츠를 늘리기 위해서는 공유의 앞 단계인 '이야기화' 단계가 중요하다는 사실을 알 수 있습니다. 서비스 체험은 '나도 모르게 다른 사람에게 알려주고 싶어지는' 이야기가 되어야 합니다. 그러기 위해서는 평범하지 않은 색다른 부분, 다시 말해 서비스와 제품의 매력이나 세계관을 상징하는 형태로 시각화 및 언어화하기 쉬운 서비스나 특색을 설계해 고객의 체험에 반영하는 것이 중요합니다.

'평범하지 않은 색다른 부분'이라 해서 돈을 들여야만 실현할 수 있는 것은 아닙니다. 예를 들어 호텔의 조식 제공은 그리 특별한 것이 아닙니다. 하지만 같은 메뉴라도 '피크닉 브랙퍼스트'라는 컨셉으로 우유와 크루아상, 햄, 치즈를 바구니에 담아 객실로 가져다준다면 어떨까요? 같은 맛, 같은 양이라도 고객 입장에서는 특별함을 보다 쉽게 언어화할 수 있을 것입니다.

콘텐츠를 만들어내는 '레코드가 있는 호텔'

2017년에 문을 연 '호텔 쉬 오사카'는 'UCC를 만들어내는 호텔을 어떻게 설계할까'라는 관점을 염두에 두고 기획이 이루어졌습니다. 제가 생각한 호텔의 본질은 '미디어로서의 역할'을 하는 것입니다. 다시 말해 예상하지 못한 만남이 존재하고, 지역 정서를 느낄 수 있고, 평소와는 다른 라이프스타일을 체험해보는 데 있습니다.

그러나 고객이 하룻밤의 체험을 통해 '좋은 호텔이었다'라고 느껴도, 대부분 '무엇이 좋은지'까지는 언어화하지 못합니다. 그래서 저희는 다른 호텔과는 압도적으로 다른 '차이'를 설계하는 데 주력했습니다.

앞서 3장에서 오사카 베이 에어리어의 '인더스트리얼 섹시' 분위기를 연출하기 위해 그리고 색다른 라이프스타일을 체험하도록하기 위해 모든 객실에 레코드플레이어를 설치했다고 이야기했습니다. 그런데 여기에는 또 하나의 목적이 있었습니다. 그것은 '호텔 쉬 오사카'에만 있는 유일무이한 숙박 체험을 입소문 내는 것이었습니다.

'프런트에서 레코드를 골라 객실로 가지고 가서 듣는다. 음악을 들으며 잠자리에 든다. 아침에 음악을 들으며 외출 준비를 한다.'

이렇게 색다른 체험을 제공하자 많은 투숙객이 너무나 좋았다며 지인들에게도 소개해주었습니다. 말로 설명해도, 사진이나 영상으로 찍어도 개성이 뚜렷하게 전해지는 서비스를 설계하자 SNS에 많은 후기와 소개 글이 올라왔습니다.

2019년 '호텔 쉬 교토'를 리뉴얼할 때도 모든 객실에 레코드플레이어를 설치했습니다. 그리고 호텔 프런트에 아이스크

6장_ 추천 포인트를 디자인한다

림 매장을 병설했죠. 아이스크림은 남녀노소 불문하고 누구나 좋아하는 아이템입니다. 아이스크림 계산대에서 체크인을 하면 왠지 가슴이 두근거려 '땅끝에 자리한 여행의 오아시스'에 안성맞춤이라고 생각했습니다. 그리고 아침 식사 메뉴는 미국 다이너 식당 스타일의 와플로 정하고, 미국 문화의 상징이자 안티테제인 크래프트 콜라를 함께 내놓았습니다.

이 기획은 효과를 발휘해 많은 사람의 입에서 입으로 전해졌습니다. 그 결과 5% 정도였던 직접 예약률이 리뉴얼 이후 50%로 뛰어올랐습니다. 리모델링의 목표로 설정한 '일부러 찾아오는 호텔'이 된 것입니다.

사람들은 "좋았어"라는 말만 들어서는 쉽게 수긍하지 못합니다. '왜 좋은가?'라는 이유가 있어야 하죠. 저희 호텔 또한 레코드플레이어나 아이스크림이 없어도 어느 정도 좋은 호텔이라고 생각합니다. 하지만 구체적인 특징이 없으면 왜 좋은 호텔인지 설명할 근거가 사라집니다. '얼마나 좋은지'를 언어화하는 것은 어렵지만, 다른 호텔과 달랐던 숙박 체험을 고객의 '이야기'로 설명하는 건 그리 어렵지 않습니다.

예로부터 사람들은 여행을 떠나고 그 추억을 기록했습니다. 지금이 SNS 시대이기 때문이 아니라, 여행의 체험을 언어화하거나 사진으로 찍어 아카이브로 만드는 것은 여행자의 본능에 가까운 행동 양식일지도 모릅니다. 그런데 여행지에

서의 체험을 언어화하지 못하거나 멋진 사진으로 남기지 못
하면, 고객 입장에서는 불완전 연소라고밖에 말할 수 없습니
다.

저는 단지 여행지에서의 멋진 하루를 제공하는 것에 그치
지 않고, 고객이 여행지에서의 체험을 자신의 필터를 통해 기
억과 기록으로 남기는 단계까지 서포트하는 것이 관광업의
역할이라고 생각합니다. 그러기 위해서라도 '얼마나 좋은지'
를 언어화하는 수고를 고객에게 통째로 떠넘겨서는 안 됩니
다. 체험한 사실을 누군가에게 전달할 수 있는, 편집 가능한
소재를 끊임없이 고민해 숙박 체험 속에 집어넣어야 원하는
결과를 얻을 수 있습니다.

메시지가 퍼져나가는 구조 만들기

그렇다면 투숙객이 입소문을 내도록 하기 위해 브랜드는 어
떻게 정보를 발신해야 할까요? 핵심은 고객의 발신에 도움이
될 만한 정보를 제공하는 것입니다. 예를 들어 사람들은 어떤
레스토랑을 방문하기 전에 공식 홈페이지에 들어가 보거나
SNS 등에서 후기 글을 검색해볼 것입니다. 그리고 실제로 방
문했을 때 정말로 좋은 곳이라면 검색했을 때 본 이미지 구

도를 참고해 사진을 찍거나 소개글을 참고해 자신의 SNS에 글을 올릴 것입니다.

따라서 정보를 발신할 때는 고객이 재가공하기 쉬운 정보를 제공해야 합니다. 다시 말해 서비스의 세계관을 표현하는 동시에 고객이 언급해주길 원하는 내용으로 설계한 텍스트와 비주얼 소재를 제공해야 합니다.

저희 호텔은 포토존을 비롯해 고객이 사진 찍을 때 참고할 만한 이미지를 SNS에 많이 게재해 투숙객 유치의 동인으로 삼고 있습니다. 추천 포인트를 디자인할 때는 어떤 텍스트나 표어로 재발신될지는 물론이고, 어떤 비주얼이나 느낌으로 표현될지를 상상하며 작업합니다.

SNS 운영이 쉬운 일이라고 생각하는지 신입사원이나 아르바이트생에게 맡기는 회사가 많습니다. 회사의 공식 홈페이지를 만들 때는 아르바이트생에게 감독을 맡기지 않으면서 이상하게도 SNS는 그런 일이 태연하게 이루어지고 있습니다.

SNS는 공식 홈페이지보다 먼저 세상 사람들의 눈에 띄는 장소입니다. 자사 제품이나 서비스의 장점을 고객에게 전하고, 브랜드가 어디에 가치를 두고 있는지 구체적으로 제시함으로써 구매를 유도하는 중요한 통로죠. 고객은 SNS 피드에서 받은 첫인상을 자신의 가치관이나 미의식과 비춰보면서 자신에게 맞는 제품 혹은 서비스인지를 순식간에 파악합니다.

이용자가 자신의 언어로 이야기하기 위한 보조 도구로서의 존재, 그것이 바로 브랜드가 제공하는 정보의 역할입니다.

'알리고 싶지 않은 사람에게 알려지지 않기' 위한 PR 전략

여기서 한 가지 정보화 사회의 함정을 확인할 필요가 있습니다. 요즘은 SNS를 통해 이 세상에 존재하는 서로 다른 프로토콜(공통 언어)을 가지는 수없이 많은 커뮤니티가 가시화되고 있습니다. 다양성의 시대입니다. 커뮤니티에 따라 그들이 생각하는 옳고 그름의 기준이 다른 것은 당연한 일입니다. 그런데 오픈 네트워크로 그것들이 경계 없이 혼재해 있는 것처럼 보이는 버그가 발생하고 있습니다.

기본적으로 고객들은 대부분의 제품이나 서비스를 선택할 수 없습니다. 그러다 보니 우리의 페르소나와 거리가 먼 이용자에게 이상적이지 않은 형태로 브랜드가 소비되면서, 의도치 않게 브랜드 이미지가 손상되기도 합니다.

이러한 사태를 방지하기 위해 정보를 발신할 때는 '알리고 싶지 않은 사람에게 알려지지 않게 하는' 노력도 중요합니다. 세상을 넓은 시장으로 간주하고 일률적으로 정보를 내보내는 것이 아니라, '이 집단에는 꼭 전달하고 싶지만, 이 집단에는 알릴 필요가 없다'라는 자세로 커뮤니티에 따라 완급을 조절하며 정보를 확산시키는 전략이 필요합니다.

어필할 대상 집단을 판단하는 기준은 결코 고객에 대한 호불호가 아닙니다. '그 집단 사람들은 만족시킬 수 없다', '만족하게 하려면 애초에 의도한 서비스 형태가 변할 수도 있다', '원래의 대상 고객이 편안함을 느낄 수 없는 환경이다'라는 점을 고민해야 하죠.

예를 들어 비즈니스호텔을 기대한 사람들에게는 저희 호텔의 레코드플레이어나 아이스크림은 딱히 필요하지 않을 것입니다. 오히려 대형 목욕탕이나 조식 뷔페가 없다는 점이 불만스럽겠죠. 이러한 미스매칭이 발생하는 것은 서비스하는 쪽과 고객 모두에게 불행한 일입니다.

저희는 대상 고객이 아닌 사람들이 '이 호텔은 내 취향이 아니다'라고 바로 알아차릴 수 있도록 신중하게 미디어 노출을 조절하고 있습니다. 잡다하고 통일성 없는 정보가 확산될 가능성이 큰 시대이기 때문에 저희다운 모습으로 있을 수 있는 영역을 소중히 여깁니다.

그런 이유에서 저희는 서비스의 바이럴 마케팅을 전개할 때 누가 처음에 이야기를 시작하는지를 중요하게 생각합니다. 앞서 이야기했듯 시장의 크기가 아니라 시장의 질과 밀도가 포인트입니다.

특정 커뮤니티에서 국지적으로 고농도의 정보를 발신함으로써 동료이자 공범(?)을 만듭니다. 밀도가 높은 커뮤니티를 만들면 열기가 밖으로 새어나가듯 주변으로 전파됩니다. 비록 작은 커뮤니티에서 시작했다 해도 밀도가 높으면 자발적으로 외부로 확대됩니다.

이제 소비자는 가치를 받아들이는 존재가 아니라 가치 판단의 주체입니다. 스스로 생각하고, 가치를 판단하고, 마음에 들어 '나도 모르게 좋아진', '나도 모르게 다른 사람에게 알려주고 싶어진' 그것만을 재발신합니다. 그렇기에 고객이 자신의 체험을 스스로 편집해 자신의 언어로 주변 사람들에게 이야기할 수 있도록 도와줄 필요가 있습니다.

바이럴은 마이크로 인플루언서(라는 이름의 지극히 평범한 사람들)로부터 탄생합니다. 홍보 등에서 인플루언서의 발신을 이용할 때는 사실 팔로어 수 자체보다 그 사람이 어떤 커뮤니티에 영향을 미칠 수 있는지가 훨씬 더 중요합니다.

어떤 서비스의 고객이 새로운 고객을 불러들이기까지의 기간을 1단위 시간이라 했을 때, 각각의 이용자가 1단위 시간에 평균 몇 명을 불러들이는지 수치화한 것을 '바이럴 계수'라고 합니다. 바이럴 계수가 높을수록 그 고객이 새로운 고객을 불러들이고 있다는 뜻입니다.

수만 명의 팔로어를 가지고 있는 인플루언서는 수만 명에

　　　　　　　　　　6장_ 추천 포인트를 디자인한다

게 정보를 전달합니다. 우리는 정보를 전달받은 사람들이 과연 새로운 고객이 되는지(인게이지먼트율이 높은지) 그리고 그 사람들은 과연 다음 고객을 얼마나 불러들일 수 있는지(바이럴 계수가 높은지)를 포함해 검토해야 합니다. 해당 인플루언서가 어떤 커뮤니티에서 어느 정도의 영향력을 가지고 있는지, 그 안에서 어떤 존재인지(관람의 대상인지, 모방의 대상인지, 비판의 대상인지) 등을 면밀히 파악한 후에 협업을 의뢰해야 합니다.

그런 점을 고려할 때 멀리 있는 인플루언서보다 주변의 마이크로 인플루언서(친구나 동료, 서로 팔로우하고 있는 지인 등), 그중에서도 커뮤니티의 연결고리가 되는 인물을 기점으로 실제 자기 주위에 있는 커뮤니티의 흐름에 맞춰 화제를 확산시키는 편이 훨씬 의미 있고 효과적입니다. 저희는 그러한 사실을 직접 체험하고 있습니다.

기점은 반경 3m 안으로

2017년에 '호텔 쉬 오사카'를 개업했을 때, 저희의 인지도는 전혀 없다고 할 정도였습니다. 미디어와의 연결점이 거의 없어 일방적으로 보도자료를 보내는 일밖에 할 수 없었습니다.

방법을 고민하던 중 친구나 그 친구의 친구처럼 동세대의 감각과 미의식을 가진 사람들이 방문하는 호텔을 만들고 싶

다면 누가 팔로우하는지 알 수 없는 인플루언서를 초대하기
보다 평소에 감사했던 분들을 초대하는 편이 낫겠다는 생각
이 들었습니다. 그러면 저 자신도 즐겁고, 실재하는 커뮤니티
로 확산될 가능성이 높을 것 같았죠.

호텔을 개업할 때는 직원 훈련, 운영 확인 등을 위해 으레
가오픈 기간을 둡니다. 저는 이 기간에 무료로 누군가를 숙
박시켜 건성으로 운영 연습을 하는 것은 아무 의미가 없다고
판단했습니다. 그래서 '리셉션'이라는 이름으로 지금까지 신
세 졌던 분들을 초대해 대접하기로 했습니다. 금융기관 관계
자, 거래처 분들, 중고등학교 친구들, 동아리 친구들, 예전부
터 서로를 팔로우하며 만나고 싶어 했던 SNS 지인들 그리고
그분들의 지인 등 마이크로 인플루언서(라는 이름을 가진 집단
의 친구들)들을 초대했죠.

결과적으로 리셉션 기간에 초대한 분들의 발신이 기점이
되어 수도권 20~30대를 중심으로 '호텔 쉬 오사카'의 존재가
조금씩 전파되었습니다.

여기서 깨달은 점은, 바이럴이 시작될 때의 시작점은 '어딘
가에 있는 누군가'가 아니라 '자기 자신'이라는 사실입니다.
그리고 같은 가치관을 공유하는 사람들의 응원을 받을 수 있
는 제품이나 서비스를 준비해 추천 포인트를 재생산하면 커
뮤니티 안에서 더욱 확산될 수 있습니다.

'어떻게 발신할지'가 아니라 '고객이 어떻게 발신하게 만들지'를 상상하며 서비스를 만들어야 합니다. 그러면 가까운 커뮤니티에서 바이럴이 생겨나 어느새 세간의 화제가 됩니다. 이것이 바로 사업의 난국을 타개하는 크리에이티브 점프의 비결입니다.

웹 발신을 위한 간단 체크 매뉴얼

힘들게 추천 포인트를 디자인했어도 고객이 관심을 가졌을 때 원하는 정보에 도달하지 못하면 결국 이탈을 초래해 기회를 잃게 됩니다. 고객이 스트레스를 느끼지 않도록 그리고 구매 의욕을 높일 수 있도록 온라인 정보를 정리하는 것은 인터넷 시대의 중요한 고객 응대입니다. 당연하게 생각하는 내용도 많겠지만, 의외로 놓치고 있는 부분도 있습니다. 다음 체크 항목을 바탕으로 정보를 정리해봅시다.

[공식 홈페이지]

▢ 검색했을 때 공식 홈페이지가 상위에 표시되는가?

▢ 본문에 검색 엔진을 의식한 '키워드'가 충분히 들어가 있는가?

▢ 로딩에 3초 이상 걸리지 않는가?

▢ 단말기에 따른 UI 디자인 최적화를 하고 있는가?

▢ 디자인 규칙이 통일되어 있는가?

▢ 이펙트 효과가 거슬리지 않는가?

▢ 글자 깨짐이나 레이아웃의 어긋남이 없는가?

▢ 사진, 글자, 버튼의 크기가 적절한가?

□ 사진의 해상도가 충분한가?

□ 링크가 연결되지 않는 버튼이 있는가?

□ 배너가 너무 많지 않은가?

□ 파비콘(홈페이지를 대표하는 아이콘)이나 트위터 카드(URL을 트 윗했을 때 표시되는 이미지), 이미지의 대체 텍스트 등이 설정되 어 있는가?

□ 홈페이지 하단 푸터footer*가 최신 버전인가?

[SNS]

□ 계정명이나 ID가 직관적으로 검색할 수 있게 지어졌는가?

□ 매체마다 다른 계정명이나 ID를 사용하고 있지는 않은가?

□ 프로필란에 기재된 정보가 적절한가?

□ 필요에 따라 프로필란에 관련 브랜드나 매장을 언급하고 있는 가?

□ 가장 먼저 눈에 들어오는 게시물이 시설의 개요를 전달하고 있 는가?

□ 사진이나 텍스트가 통일성이 있는가?

□ 해시태그나 장소를 검색했을 때 표시되는 콘텐츠가 매력적으로

* 홈페이지 하단에 업체명과 연락처 등 관련 정보를 적어놓는 공간

느껴지는가?

□ 태그 가운데 브랜드 이미지와 맞지 않는 게시물이 있는가?

[구글맵]

□ '지역명', '업종'으로 검색했을 때 상위에 표시되는가?

□ 지도상에 핀이 표시된 위치가 올바른가?

□ 가장 위에 표시된 사진에서 시설의 매력과 특징이 전해지는가?

□ 비즈니스 프로필에 최신 정보가 반영되어 있는가?

□ 공식 홈페이지나 SNS 링크가 연결되어 있는가?

□ 예약이나 문의를 위한 경로가 명확한가?

□ 후기의 수가 충분하고, 후기 점수는 4.0 이상인가?

□ 후기를 보고 적절하게 응대하고 있는가?

보이지 않는 감각을

담아낸다

오감,

시간,

세계관 연출법

크리에이티브 점프의 여정

저희가 지금까지 만든 호텔은 '세계관이 서서히 몸으로 스며드는 느낌이었다', '그곳에서 기획자의 기운이 느껴진다', '그곳에서 진정한 나를 찾을 수 있었다' 등 높은 평가를 받고 있습니다. 크리에이티브 점프의 5가지 요소를 연결해 완성해감으로써 '눈에 보이지 않는' 섬세한 감각도 호텔에 담아낼 수 있었습니다.

크리에이티브 점프의 사고 과정은 5가지 요소를 순서대로 밟아가기보다는 각 요소를 오고 가면서 나선 운동으로 상승하는 이미지에 가깝습니다. 예를 들어 소운쿄에서 진행한 '동양의학의 요양 리트리트'에서는 다음과 같은 구조로 크리에이티브 점프가 만들어졌습니다.

① 본질의 발굴: 호텔은 사람이 사람을 돌보는 장소다.

② 분위기의 언어화: 자애 문화, 수증기에 둘러싸인 유토피아

③ 인사이트 파고들기: 사람은 진단처럼 자기 자신에 대해 알 수 있는 활동을 좋아한다.

④ 이질적인 대상과의 결합: 호텔×한방

⑤ 추천 포인트 디자인: 한약을 맞춤으로 처방하는 홋카이도 산속에 위치해 있는 동양의학의 요양 리트리트

'호텔 쉬 오사카'에서 진행된 '헤이세이 라스트 서머'는 이런 구조입니다.

① 본질의 발굴: 호텔은 밤새워 놀 수 있는 장소다.
② 분위기의 언어화: 헤이세이라는 청춘의 종언
③ 인사이트 파고들기: 헤이세이의 끝을 제대로 추억하며 떠나보내고 싶다.
④ 이질적인 대상과의 결합: 호텔×음악×헤이세이
⑤ 추천 포인트 디자인: 헤이세이 마지막 여름에 호텔에서 올나이트 페스티벌을

예시에서 알 수 있듯이, 제가 기획에 활용한 다양한 요소는 필요할 때마다 제로 단계에서부터 사고하기 시작한 끝에 발견한 것들이 아닙니다. 그보다는 평소에 이리저리 궁리하면서 머릿속에 아이디어의 원석을 모아두고, 필요한 타이밍에 꺼내 심화시키거나 조합해 화학 반응을 일으킨 결과물입니다. 머릿속에 있는 저장 목록에서 톱니바퀴가 딱 맞물리는 조합을 찾아내는 것입니다.

7장_ 보이지 않는 감각을 담아낸다

본질을 발굴한다.	분위기를 언어화한다.	인사이트를 파고든다.	이질적인 대상과 결합한다.	추천 포인트를 디자인한다.
생활 공간 미디어	자애 문화	반려견과 함께 여행하고 싶다.	호텔× 헬스장	**동양의학의 요양 리트리트**
집이 아닌 생활 거점	한 분의 고객	대충 한다는 죄책감	호텔× 미용 성형	· 홋카이도의 온천 호텔
여행의 창구	아웃도어	여행 캐리어가 짐이 된다.	호텔× 아이돌	· 4박 5일 이상 숙박 · 전문가의 체질 진단
사람이 사람을 돌보는 공간	체험 가치	진단이 좋다.	호텔× 요괴	· 체질에 맞춘 식사
??	발효, 슬로우푸드	??	호텔× 한방	· 매일 침과 뜸, 도수치료 · 직접 만든 발효 식품
??	??	??	호텔× 가정 요리	

· 각각의 요소와 관련한 소재 중에서 톱니바퀴가 맞물리는 조합을 찾는다.
· '추천 포인트를 어떻게 디자인할 것인가'라는 관점에서 아이디어의 디테일을 결정한다.

[크리에이티브 점프의 여정]

사고를 '발효'시킨다

크리에이티브 점프에 도달하는 비연속적 사고의 모든 지점에서 신선한 깨달음이나 아이디어가 유기적으로 쌓이는 것은 아닙니다. 실제로는 머릿속이나 메모장에서 일정 기간 숙성되어 발효된 사고가 어느 순간 불쑥 얼굴을 내밀면 그것을 채택하거나, 역시 아닌 것 같다며 의식의 밑바닥으로 되돌리기를 반복하며 아이디어를 만들어가는 경우도 많습니다.

일반적으로 사람들이 '번뜩이는 아이디어'라고 생각하는 것의 정체는 무의식 아래에 저장되어 있던 사고가 충분히 발효되어, 어느 순간 표면의식으로 파악할 수 있는 층까지 올라온 순간일지도 모릅니다. 다시 말해 번뜩이는 아이디어란 시간차를 두고 찾아온 과거의 자기 사고가 진화한 형태이기도 합니다. 단숨에 확실하게 문제를 해결하는 것처럼 보이는 크리에이티브 점프도 실은 어느 정도 충분한 사고의 발효를 거쳐 만들어지는 것입니다.

흔히 '아웃풋의 질을 높이려면 인풋을 잘 소화해야 한다'라고 말합니다. 무턱대고 인풋의 양만 늘려봐야 정보가 오른쪽에서 왼쪽으로 이동할 뿐입니다. 요점은 인풋에 수반되는 '사고'입니다. 어떻게 사고하고, 어떻게 사고를 발효시키는지가 아웃풋의 질에 영향을 미칩니다. 아웃풋의 질을 높이기 위

7장_ 보이지 않는 감각을 담아낸다

해서는 3가지, 즉 ① 사고의 기회를 늘리고, ② 사고를 언어화하고, ③ 적절히 잊어버리고 적절히 떠올리는 것이 중요합니다.

1 ─ 사고의 기회를 늘린다

우선 첫 번째로 새로운 사고가 탄생할 계기를 많이 만들어야 합니다. 저는 의사결정을 할 때 '잘 모르겠을 때는 내 세계를 넓혀주는 선택지를 고른다'라는 기준을 가지고 있습니다. 여느 때와 다름없는 귀갓길이라도 평소와 다른 경로를 선택하는 것만으로 눈에 보이는 경치가 달라지지 않나요? 늘 먹는 식사, 늘 입는 옷, 늘 가는 여행지 등 본인만의 루틴이 있으면 마음이 편안합니다. 하지만 그것에 완전히 익숙해지면 감각 기관이 닫혀 새로운 발견이나 생활 속 작은 위화감을 감지하는 센서가 점점 둔해집니다.

저는 가구를 새로 살지, DIY로 만들지 고민될 때는 비용이나 수고가 더 들더라도 후자를 선택합니다. 스스로 만들기 위해 인터넷으로 사례를 검색하거나, 용품점에 방문해 재료를 고르거나, 시행착오를 겪으며 가공하는 과정에서 그동안 알지 못했던 지식과 경험을 습득할 수 있기 때문입니다.

또한 기능성 높은 신축 아파트에서 살지, 오래된 일본 전통 가옥에서 살지 고민된다면 후자를 선택합니다. 겨울에는 추위에 떨고, 목욕탕에 벌레가 나오는 등 많은 고생을 해야 하지만 오래된 일본 전통 가옥 생활의 장단점을 직접 체험한 다는 큰 가치가 있기 때문입니다.

바깥도 부지런히 돌아다닙니다. 솔직히 저는 외출을 좋아하지 않습니다. 세상사를 비딱하게 바라볼 때도 많죠. 하지만 그렇기 때문에 일부러 유행을 좇으며 감각 기관을 넓혀주는 '평소의 나답지 않은' 의사결정을 하려 의식적으로 노력하고 있습니다.

2 ─ 사고를 언어화한다

자기 세계를 넓혀주는 체험을 했다면, 그다음에는 경험을 얼마나 사고에 반영할 수 있는지가 중요합니다. 그 첫걸음으로 저는 미세한 제 감정을 언어화하고자 노력합니다. 사람들은 대부분 자신의 무의식적인 감정과 기분을 자각하지 못합니다. 거기에 언어를 부여해 윤곽을 규정하면 막연한 '감각'을 '사고'로 다룰 수 있게 됩니다.

예를 들어 오가사와라 제도에서 묵었던 오베르주 입구에는 하얀 리넨 포렴이 걸려 있었습니다. 그것은 산들바람에 살짝 흔들리는 날도 있고, 심호흡하듯 크게 부풀어 오르는 날도 있고, 깃발처럼 힘차게 펄럭이는 날도 있었죠. 눈에 보이지 않는 바람을 가시화해주는 포렴 덕분에 바람의 움직임을 눈

7장_ 보이지 않는 감각을 담아낸다

으로 보면서 그 너머에 존재하는 지역의 풍토를 느낄 수 있
다는 사실을 문득 깨달았습니다. 이때의 깨달음을 언어화해
두는 겁니다. 물론 그 자리에서는 딱히 도움이 되지 않습니
다. 하지만 그 순간의 섬세한 감각을 언어로 표현해 추상화해
두면, 시간이 지나 그것이 필요해졌을 때 문득 무의식 아래에
서 되살아납니다.

언어화는 에너지가 요구되는 작업입니다. 그래서 일시적
인 사고를 아웃풋하는 기회를 강제로 만들어두는 게 습관을
들이는 데 매우 큰 도움이 됩니다. 저는 정기적으로 SNS에
글을 올리거나 에세이를 쓰면서 사고나 감각을 언어화하는
시간을 갖곤 합니다.

3 — 적절히 잊어버리고 적절히 떠올린다

어떠한 문제로 머리가 지끈거리는 상태라면 일단 사고에서
벗어나는 것이 좋습니다. 사고의 발효는 무의식 속에서 이루
어집니다. 정보의 인풋과 아웃풋 그리고 사고 자체와 거리를
두고, 무의식의 시간을 의도적으로 마련할 필요가 있습니다.

밤에 잠을 잘 때 꿈을 꾸는 것은 낮에 현실 세계에서 받아
들인 정보를 정리하는 과정이라고 합니다. 마찬가지로 깊이
생각하면서 잔뜩 어질러진 머릿속을 무의식이 정리 정돈해
준다고 믿고 뇌를 쉬게 합시다.

잠을 자거나 산책을 하거나 욕조에 몸을 담그거나 명상을 하는 것이 일반적으로 알려진 방법이지만, 저는 사고에서 벗어나기 위한 수단으로 작업 명상으로서 '마녀 활동'을 합니다. 이는 제가 붙인 이름인데요, 동화 속 마녀처럼 금목서의 꽃을 따 계화차를 만들기도 하고, 홋카이도의 자작나무 수액을 채취해 시럽을 만들기도 하고, 소운쿄의 흙을 도자기 원료에 섞어 호텔에서 사용하는 식기를 직접 빚기도 합니다.

저 또한 여느 경영자가 그렇듯 KPI가 이렇다, ROI가 저렇다 따지고 단위 시간당 가치를 의식하며 하루하루 빡빡한 일정을 보냅니다. 그렇기에 비효율적인 작업에 마음껏 몰두하는 순간들은 최고로 사치스러운 시간이기도 합니다. 신체 감각과 직감에만 의존하는 작업에 집중하면, 머릿속에서 모든 사고를 몰아내고 무념무상의 모드에 젖어들 수 있습니다.

마녀 활동으로 만든 수제품 중 일부는 지역 정취를 그대로 담은 접객의 일환으로 호텔 고객에게 제공하기도 합니다. 비효율적인 시간의 중첩을 느낄 수 있는 물건이 공간에 존재한다는 것 또한 대단히 사치스러운 일입니다. 하지만 저는 그런 작업을 통해 공간에 사랑이 퇴적되어 호텔에 따뜻한 분위기가 감도는 것이라고 생각합니다.

성실하게 축적한 사고가 밑바탕에 깔려 있다면, 휴식 시간을 가질수록 발효가 촉진됩니다. 게다가 효모로 작용하는, 세

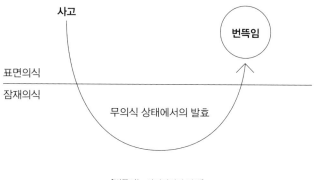

번뜩임

표면의식

잠재의식

무의식 상태에서의 발효

[번뜩이는 아이디어의 정체]

계를 넓혀주는 비일상적 체험의 자극을 통해 화학 반응이 나타나 사고가 훨씬 더 유연해집니다.

호텔의 컨셉을 개발할 때는 구상부터 디테일을 다 채우기까지 1년 이상의 시간이 걸리기도 합니다. 정밀도가 높은 아웃풋을 내놓기 위해서는 인내심을 가지고 시간을 들여 사고를 발효시키는 노력을 아끼지 말아야 합니다. 빨리 결론을 내고 싶은 마음에 서두르지 말고, 무의식이라는 발효 틀에 사고를 일정 시간 넣어두는 결단이 필요합니다.

역사를 향기로 풀어낸 스몰 럭셔리 호텔 '고린쿄'

스몰 럭셔리 호텔 '고린쿄香林居'도 그러한 사고의 발효를 통해 탄생했습니다. 누구나 마음 깊은 곳에 그리고 있는 도원향이자, 속세를 떠나 편안한 시간을 보내는 신기루 같은 일시적 장소. 저는 그런 분위기를 풍기는 숙박 시설을 목표로 2021년 10월 가나자와 21세기 미술관이 위치한 히로사카 지역과 번화가 고린보를 연결하는 햐쿠만고쿠 거리에 '고린쿄'를 오픈했습니다. 지역 특산 도자기와 전 세계의 전통 공예품을 취급해온, 창업한 지 100년이 넘은 신비도의 갤러리 빌딩을 리뉴얼한 것입니다.

'호쿠리쿠 지방 제일의 번화가'라 불리는 고린보 지역에서 지은 지 50년 된 그 빌딩은 노후화되고 있었습니다. 내진 기준이 변경됐고, 소유주도 연로해 해체까지 검토되고 있었죠. 그러나 그 빌딩은 주변의 번화한 거리 풍경 속에서 그곳만 시간이 멈춘 듯한 인상을 주는, 이질적인 미의식이 돋보이는 건축물이었습니다. 인상적인 아치형 창문이 이어지는 파사드(건물을 정면에서 바라본 외관), 현재는 재현 불가능한 이름 없는 장인들의 수작업 등 모든 요소가 후세에 남길 만한 가치가 있었죠.

그런 이유에서 50년 전에 빌딩의 설계와 시공을 담당했으며, 이후에도 반세기에 걸쳐 빌딩의 수리와 보수를 맡아온 니시마쓰 건설과 현지 건축 사무소의 오랜 설득으로 호텔로의 용도 변경이 결정되었습니다.

이 개발 프로젝트는 크리에이티브 에이전시 선애드SUN-AD 가 주도했습니다. '가나자와의 시간을 리뉴얼한다'라는 큰 방침하에 실제 호텔의 개발과 운영을 담당하는 협력사로 저희 회사가 선정되었습니다. 당시 5년밖에 되지 않았던 저희 회사를 선택해주어 너무나 감사했고, 그와 동시에 큰 책임감을 느꼈습니다.

니시마쓰 건설이 건물 소유주인 신비도에게서 건물을 빌려 프로젝트 주체로서 호텔 투자를 진행하고, 선애드의 프로듀싱과 브랜딩을 따라 공동으로 크리에이티브 디렉션을 담당하며 호텔을 개발하고, 개업한 뒤에는 니시마쓰 건설과 이익을 나누는 형태로 저희 회사가 호텔을 운영한다는 사업 계획하에 프로젝트가 시작되었습니다.

처음에는 가나자와에서 호텔을 운영하는 것을 다소 소극적으로 생각했습니다. 2015년 호쿠리쿠 신칸센의 개통과 동시에 대규모 자본이 투입되면서 호텔이 우후죽순처럼 난립하고 있는 현장을 목격했기 때문입니다. 대부분은 여성 여행객이나 배낭여행객을 대상으로 하는 저가격 호텔이었습니다. 수요가 몰리는 토요일에도 1박에 6,000엔 정도에 묵을 수 있는 호텔이 많았기 때문에 얼마 지나지 않아 시장은 포화 상태에 빠지고, 가격이 붕괴될 것이라 내다봤습니다.

그러나 고린보라는 지역에 대해 알아가면서 생각이 달라졌습니다. 역사적으로도 미의식이 축적된 입지와 우아하고 아름다운 아치형 창문의 외관으로 독특한 분위기를 풍기는 건축물이라는 잠재력이 있다면, 지역의 분위기를 정서적으로 반영한 부티크 호텔 같은 형태로 기존 호텔과 차별화할 수 있겠다고 판단했습니다.

실제로 가나자와 시내에는 스위트룸을 보유한 최고급 호텔이 거의 없습니다. 저는 지인에게 "가나자와로 여행을 가면 어디에 묵나요?"라고 물었습니다. 그러자 그는 이렇게 대답했습니다.

"맛있는 음식을 먹으러 가나자와까지 가긴 하지만, 묵고 싶은 숙소가 별로 없어 그냥 비즈니스호텔에 묵어요."

가나자와는 음식의 수준이 높아 일부러 찾아오는 사람이 많지만, 이들을 만족시킬 만한 호텔은 찾아보기 어렵습니다. 저는 오랜 시간 고민하다 '진정한 여행의 무대로서의 호텔이라면, 가나자와의 숙박 시장에서도 충분히 승부를 걸어볼 수 있지 않을까?', '오히려 시장의 트렌드에 휘둘리지 않는, 그 자체로 여행의 목적지인 호텔이 될 수 있지 않을까?'라는 결론에 이르렀습니다.

프로젝트 초기에는 1,700m²의 연건평 안에 기존의 저희 호텔과 비슷하게 15~20m² 정도의 객실을 40~50실 배치하는 구성을 검토했습니다. 하지만 앞에서와 같은 생각에 과감하게 50~60m² 정도의 넓은 객실을 중심으로 18실만 준비해 고단가와 고부가가치형 스몰 럭셔리 호텔로 노선을 변경했습니다.

고린보의 테루아르 '도원향'

저희는 호텔을 만들 때 해당 지역의 분위기를 파악하고 해석해 숙박 체험에 반영하는 것을 중요하게 생각합니다. 저희는 인스턴트 문화로서의 숙박 체험이 아니라 농밀한 세계관과 고품질의 체류 가치를 통해 목적지가 될 수 있는 스몰 럭셔리 호텔을 만들기로 결심했습니다. 호텔을 구상하면서 가장 먼저 착수한 작업은 가나자와와 고린보라는 지역이 가진 분위기를 섬세하게 파악하는 일이었습니다.

'가나자와'라고 하면 많은 사람이 쓰즈미몬鼓門*이나 히가시차야 거리로 대표되는 일본의 전통적인 거리 풍경, 가가유

---

* 가나자와의 전통 예능인 노가쿠(能楽)에서 사용하는 북(쓰즈미)의 이미지를 따 만들어진 높이 13.7m의 문 조형물

젠加賀友禅*이나 도자기처럼 화려한 색으로 장식한 호화로운 전통 예술, 오징어, 게 등 풍요한 바다에서 나는 해산물 등을 떠올릴 것입니다. 그런데 과연 이렇게 고정된 지역 이미지를 기반으로 호텔을 개발해도 괜찮을지 뭔가 석연치 않았습니다.

그래서 사고방식을 전환해 '가나자와'라는 범위가 아니라, 신비도 빌딩이 위치한 '고린보'라는 지역을 해석해보기로 했습니다. 무엇보다 고린보라는 이름 자체에 유일무이하고 서정적이며 상상력을 키워주는 아름다움이 있다고 생각했습니다.

조사해보니 고린보라는 지명은 과거 이곳에 살았던 한 승려의 이름에서 유래했다고 합니다. 때는 아즈치모모야마 시대(1573~1603년), 승려 '고린보'는 본래 지금의 후쿠이현에 해당하는 에치젠 지방의 무사로, 아사쿠라 요시카게를 모시던 가신이었습니다. 그는 1573년 이치조다니조 전투에서 아사쿠라가 오다 노부나가에게 패배하자 다른 가신들과 함께 도망쳤습니다. 그러다 히에이산에 있던 엔랴쿠지라는 절에 들어가 불교에 입문해 '고린보'라는 이름을 받았습니다.

---

* 가나자와 지역을 중심으로 전해져 내려오는 기모노 염색 기술

엔랴쿠지의 수행승이 되어 호쿠리쿠로를 왕래하던 고린보는 1600년 무렵 가나자와의 가타마치로 거처를 옮기면서 아사쿠라의 가신이었던 무코다 효에와 다시 만나게 되었습니다. 약재상을 운영하던 고령의 무코다에게는 외동딸만 있을 뿐 대를 이을 아들이 없었습니다. 그와 교류를 이어가던 고린보는 결국 데릴사위가 되어 부자의 연을 맺고 환속해 약재상을 물려받았습니다.

그러던 어느 날 밤, 무코다의 꿈에 지장보살이 나타나 묘약의 제조법을 전수해주었습니다. 다음 날 아침, 무코다의 이야기를 들은 고린보는 반신반의하며 지상보살이 일러준 대로 약을 조제해 당시 가가번을 다스리던 마에다 도시이에에게 바쳤습니다. 그러자 그의 눈병이 치유되어 '안약은 고린보'라는 평판을 얻게 되었죠. 꿈속에 나타난 지장보살의 불상을 만들어 모셨더니 장사가 더욱 번창했고, 마침내 이 일대 전체를 '고린보'라 부르게 됐다고 합니다.

그렇다면 그의 이름에 있는 고린香林은 대체 무슨 의미일까요? 고린은 글자 그대로 '꽃이 만발한 숲'이라는 뜻입니다. 중국 소흥의 가암풍경구에 있는 경승지 향림화우香林花雨를 가리키기도 합니다. 녹음이 우거지고 수려한 풍광이 유명한 곳으로, 1,000년이 넘는 세월 동안 강남江南 최고의 금목서 숲으로 이름이 드높았습니다.

향림이라는 지명은 예로부터 서로 다른 종교나 민족이 융합하는 이상향을 가리키며, 여러 한시와 문학 작품에도 등장합니다. 이렇듯 풍부한 자연 환경과 깊이 있는 문화 자산을 모두 갖춘 지역이 고린보입니다.

피비린내 나는 전란의 시대를 살아가던 무사가 불교에 귀의해 '이민족과 이교도가 융합하는 이상향'이라는 의미가 담긴 이름을 받고, 이윽고 병으로부터 사람들을 구하고 생명을 연장하는 일을 생업으로 삼았습니다. 이렇게 강렬한 대비를 느낄 수 있는 인물의 삶이 고린보라는 지역의 저변에 흐르고 있었습니다. 약재상의 이름에서 유래한 지명과 그곳에 펼쳐지는 이상향의 정경을 생각하며 사람을 치유하고 돌보는 장소로서의 호텔의 본질적 가치를 다시 고민하자 제 머릿속에 '처방'이라는 키워드가 떠올랐습니다.

단어는 상상력의 출발점입니다. '처방'이라는 두 글자는 그곳에서 확산하는 다양한 정경에 대한 영감을 북돋아주었습니다. 어두운 약장 앞에서 생약을 갈아 조제하는 한약방, 형형색색의 건초가 가득한 프랑스의 식물 요법 약국, 수많은 찻잎과 다기가 있는 중국차 다실, 흰 가운을 입은 약사가 형광등 불빛 아래 집중해 약의 무게를 재고 있는 조제약국….

저는 그런 정경을 고린보의 숙박 체험에 담아내고 싶었습니다.

7장_ 보이지 않는 감각을 담아낸다

'증류'와 무색투명한 숙박 체험

'그렇다면 대체 이 호텔에서 고객들에게 무엇을 처방해야 할까? 한약방처럼 고객의 몸 상태를 체크해 갈근탕이나 당귀작약산을 처방하는 것이 좋을까? 프랑스의 허브테라피 약국처럼 허브차나 팅크(마른 허브를 알코올에 담근 약)를 처방하는 것이 좋을까?'

다양한 아이디어가 떠올랐지만, 승부수로는 모두 조금 부족한 느낌이었습니다.

고민을 이어가던 어느 날, 지인의 사무실에 방문했는데 '무알코올 크래프트 진'이라며 병에 담긴 방향 증류수를 내주었습니다. 한 모금 마시면 꽃과 과일과 허브의 향기가 퍼져나가는, 정말이지 향기롭고 맛있는 액체였습니다. 깜짝 놀란 제게 지인은 웃으며 이렇게 말했습니다.

"그저 식물을 증류해 향을 낸 물일 뿐이에요."

증류란 고온의 수증기로 식물에 포함된 성분을 추출하는 기술입니다. 극히 미량의 정유(이른바 '아로마오일')와 그 부산물로 식물의 성분이 녹아든 향기로운 수용액인 방향 증류수(이른바 '아로마워터')가 정제됩니다.

사무실 한쪽에 놓여 있던, 과학 실험실에나 있을 법한 낯선 유리 기구(나중에 그것이 증류기라는 것을 알게 되었습니다)를 본 순간, 머릿속에서 갑자기 불꽃이 튀는 듯한 번뜩임을 느꼈습니다.

'증류를 통해 지역의 향기를 처방할 수는 없을까? 가나자와가 품고 있는 하쿠산의 삼림 자원을 증류해 방향 증류수를 처방함으로써 고린보라는 이름 그대로 삼림의 향으로 건물을 물들이면 살아 있는 지역 정서를 투숙객에게 전달할 수 있지 않을까?'라는 아이디어였습니다.

저는 곧바로 증류기의 역사를 조사했습니다. 증류기의 원형이 되는 기술은 일찍이 그리스에서 만들어졌습니다. 이후 아랍 지역에서 실용화되어 레콘키스타*를 계기로 서구 세계에 전해졌고, 증류주 제조나 연금술 발전과 함께 개량되었습니다. 일본에는 에도 시대(1603~1868년) 중반, 네덜란드와의 무역을 통해 전해졌습니다. 도자기로 만들어진 3단 증류기는 다양한 약초를 증류하며 약용 기름의 정제 등에 활용됐는데, 안약 제조에도 이용됐다고 합니다. 고린보의 이름이 널리 알려진 계기가 마에다 도시이에의 눈병을 고친 안약이었다는 사실을 고려하면, 고린보와 증류기는 둘도 없는 인연으로 맺어진 조합처럼 느껴졌습니다.

---

*   이슬람교도가 이베리아 반도를 점령했을 때 펼쳐진 기독교도의 국토 회복 운동

그렇게 지역 분위기를 편집하고, 그 향기와 정서를 공간으로 즐길 수 있도록 호텔 입구에 증류소를 만들기로 했습니다. 저희는 지역의 삼림조합에서 버들목련, 적송나무, 삼나무, 편백나무 등 하쿠산을 비롯한 명산에서 자생하는 제철의 삼림 재료를 매입해 매일 증류하고 있습니다. 추출한 정유는 아로마오일로 사용하고, 방향 증류수는 증기 사우나에서 달궈진 돌에 뿌리는 물이나 목욕물로 이용함으로써 공간에 향기를 입힙니다. 그것은 지역의 흙, 물 그리고 초목을 두른 대지 그 자체의 향기입니다.

증류가 만들어낸 이 모든 체험은 사진에도 동영상에도 담을 수 없는, 그곳을 실제로 방문한 사람만이 느낄 수 있는 궁극의 신체성을 가지고 있습니다. 날마다 달라지는, 다시 재현할 수 없는 감각적이고 정서적인 숙박 체험이죠. 제가 '증류'에서 큰 가능성과 희망을 발견한 이유도 SNS를 통해 호텔을 인스턴트처럼 소비하는 사회 분위기에 지쳐 있었기 때문입니다.

물론 투숙객이 자신의 체험을 SNS에 기꺼이 공유해주는 것은 매우 고마운 일입니다. 하지만 실제로 묵지 않았으면서 그저 노출 수를 늘리기 위해 숙박한 것처럼 게시물을 올리는 상황은 고민거리였습니다. 일찍이 저희가 제안했던 '호텔 순례 문화'의 성장도 어느 정도 영향을 미치고 있었습니다.

그런 상황이었기에 결코 눈에 보이지 않는, 사진에도 찍히지 않는 무색투명하고 섬세한 체험을 만들고 싶었습니다. 증류를 통해 추출된 꽃과 풀, 과일 등의 향기를 활용해 지역의 매력을 느낄 수 있는 특별한 시간을 만들고 싶었습니다.

비주얼로 이미지를 발효시킨다

이렇게 모호하고 파악하기 어려운 감각을 공유하면서 창의력을 북돋으며 프로젝트를 진행할 때는 자료 작성 등 실무적인 면에서도 각별한 노력을 기울입니다.

1 — 세계관의 비주얼화

프로젝트 초기 단계에서는 반드시 세계관의 기준이 되는 요소('고린쿄'의 경우 클래식, 트렌드, 유토피아)를 추출하고, 그로부터 확장된 건축, 집기, 체험 등과 연결되는 비주얼 이미지를 카테고리별로 정리해 기획서를 작성했습니다. 호텔을 만들 때는 평면도나 콘텐츠에서부터 시작하는 것이 일반적입니다. 하지만 저희는 그보다 훨씬 앞 단계인, 감각적으로 영감을 확장하는 표현과 비주얼을 사용해 세계관을 구체화하는 작업부터 시작합니다.

클래식 ✕ 트렌드 ✕ 유토피아

'고린보'라는 지역의 이해

· 예로부터 방을 붙이는 알림판이 설치되는 등 사람들의 왕래가 잦아 거리가 번화했다.
· 약재상을 운영한 고린보라는 승려의 이름에서 지명이 유래했다.
· '향림'이라는 단어는 한시에도 등장하며, 이종교와 이민족이 융합하는 이 상향을 뜻하기도 한다.

콘텐츠

약국 컨셉으로 한 사람 한 사람에게 맞춤 체험 제공

인테리어 디자인

한약방이 연상되는 약장, 신비로운 세계관 연출

객실

회반죽 등 투박한 질감의 벽과 목제 앤티크 가구

아이템

독창성, 자연의 질감

[세계관을 비주얼화한 기획서의 예]

2 ― 만다라 이미지 맵

기획 아이디어를 유기적으로 전개하는 '발산 단계'에서는 머릿속에 있는 아이디어를 끄집어내 각 요소의 관계를 비주얼로 표현하는 한 장의 '만다라 이미지 맵'을 작성했습니다. 키워드에서 얻은 영감을 바탕으로 인터넷에서 대량의 이미지를 모아 유기적 관계를 고려해 캔버스에 배치했습니다. 이런 단계를 거치면 많은 키워드 중에서 생각지도 못한 이질적인 연결고리를 발견할 수 있고, 다소 비약적으로 보이는 아이디어가 실은 깊은 곳에서 연결되어 있다는 사실을 깨달을 수도 있습니다.

미지의 지역으로 떠나는 여행에서 지도가 없으면 길을 잃기 쉽습니다. 새로운 크리에이션을 만들 때나 미적 감각이라는 추상적인 대상을 취급할 때는 이미지와 그것의 보조선이 되는 요소를 비주얼 기준으로 정리하고, 이것들을 발판 삼아 많은 사람과 토론을 해나가는 것이 좋습니다.

3 ― 미래 보도자료

만들어진 아이디어를 정리할 때는 기획서 대신 가상의 보도자료를 작성하기도 합니다. 예를 들어 '〈누메로Numero〉라는 잡지에서 '고린쿄'의 기사를 쓴다면 어떤 표제나 각도에서 소개할까?', '그들은 어떤 요소를 미디어 가치가 있다고 판단할

[만다라 이미지 맵의 예]

까?'와 같이 시뮬레이션하며 실제로 내용을 넣어 기사를 만들어보는 것이 좋습니다.

추천 포인트를 디자인하는, 다시 말해 내가 어떻게 이야기할지가 아니라 다른 사람이 어떻게 이야기해주면 좋을지를 의식하면서 기사 형태로 작성해보면, 다양한 정보나 콘텐츠를 어떻게 문맥 속에 배치해야 하는지 정리할 수 있습니다. 이는 다수가 참여하는 팀 프로젝트에서 모호한 정서나 미적 감각을 반영한 브랜드의 중심 세계관을 숙성시켜야 할 때도 큰 도움이 됩니다.

도원향의 세계관을 담다

2020년 순조롭게 진행되던 '고린쿄' 프로젝트는 코로나19의 여파로 계획이 잠정 중단되었습니다. 팬데믹으로 전 세계적으로 이동이 제한되면서 여행업계는 큰 타격을 받았습니다. 저희 회사도 한때는 프로젝트 철수를 고려해야 할 정도로 궁지에 몰렸습니다.

모든 것을 포기하고 싶어지는 시장 환경이었습니다. 하지만 니시마쓰 건설과 선애드 담당자를 비롯해 프로젝트팀 팀원 모두가 포기하는 대신 '어떻게 해야 실현할 수 있을까?'라는 절박함으로 도전을 멈추지 않았습니다. 덕분에 프로젝트는 오랜 협의 끝에 수개월의 공백을 거쳐 다시 전진하기 시작했습니다.

코로나19의 충격은 '고린쿄'의 크리에이션에도 엄청난 영향을 미쳤습니다. 그때까지 바깥 세계를 향하던 소비자들의 관심이 갑자기 벽에 가로막히고, 대부분의 사람이 집에서 자기 안의 세계를 마주하며 지내야 했습니다. 인터넷에 쏟아지는 진위를 알 수 없는 정보는 불안을 증폭시켰고, 밖에서 누군가를 만나는 행위 자체가 손가락질받는 사회가 되어버렸습니다.

저는 그때 많은 사람이 안전하고 평화로운, 아무도 상처받지 않는 고치 같은 공간을 원하고 있다는 생각이 들었습니다. 그렇게 개인 맞춤형 시간과 공간을 처방하는 체류 경험을 만들어내기 위한 탐색이 시작되었습니다.

이때의 키워드는 '향림'이라는 한자어가 유래한 이상향의 모습이었습니다. 동양에서 유명한 예는 도연명이 쓴 《도화원기》에 나오는 무릉도원이 아닐까요?

한 어부가 강을 거슬러 올라가다 복숭아꽃이 만발한 숲을 발견했습니다. 배에서 내려 그 안으로 들어가자 풍요로운 논과 밭이 펼쳐진, 속세와 단절된 마을이 나타났습니다. 그곳은 참으로 아름답고 평화로웠습니다. 마을 사람들은 어부를 따뜻하게 반겨주었습니다. 환대 속에 얼마간 잘 지낸 후 어부가 자신의 세계로 돌아가려 하자 마을 사람들은 그동안 보고 들은 것을 절대 말하지 말라고 당부했습니다. 하지만 어부는 그만 그곳에서의 일을 사람들에게 말하고 말았습니다. 마을의 존재를 알게 된 사람들은 그곳을 찾으려 했지만 결국 찾지 못했습니다.

이 이야기는 도연명이 이상향을 추구한 것이 아니라 오히려 그 존재를 부정했음을 보여준다고 합니다. 이 이야기가 쓰였을 때는 전란의 시대였습니다. 나라가 큰 혼란에 빠져 이상향을 소망하는 취지의 유선시遊仙詩가 유행했으며, 실제로 이상향을 찾아 먼 길을 떠나는 사람들도 나타났습니다. 도연명은 존재하지도 않는 이상향을 찾아 헤매는 사람들을 신랄하게 비판했죠. 그러면서 밭을 일구고 독서하는 현실의 일상생활을 소중히 여기는 한편, 심상의 세계에서 자유롭게 신선의 경지로 사유하는 것을 중요하게 여겼습니다. 존재하지도 않는 이상향을 멀리서 찾지 말고, 자기 영혼 깊숙한 곳에 있는 도원향을 소중히 여기는 것이야말로 삶에 큰 위로가 되지 않을까요?

그런 관점에서 바라보면, 일상생활을 소중히 여기며 자신의 정신세계를 보살피는 것은 불안한 현대 사회에서 평안하게 살아가기 위한 깊은 지혜일지도 모릅니다. 어디 먼 곳을

7장_ 보이지 않는 감각을 담아낸다

방문하는 것만이 아니라 내면의 세계를 넓히는 것도 자유를 향한 여행이 아닐까 싶습니다.

그래서 '고린쿄'에서는 '정신세계로의 여행'을 실현하는 방식으로 '사우나'와 '명상'을 도입하기로 했습니다. 맹렬한 열기 속에서 땀을 뚝뚝 흘리며 조금씩 체온을 높이다가 냉탕으로 뛰어드는 모습을 상상해보세요. 사우나실에서 자신의 한계를 마주하는 시간도, 냉탕에서 힘차게 뛰는 심장 소리를 느끼는 시간도, 자기 자신의 내적 감각에 모든 것을 맡기는 순간입니다.

또한 여행의 하이라이트 중 하나는 그 지역을 채우는 공기를, 쏟아지는 햇빛을, 변하는 습도를 피부로 느끼는 순간이 아닐까요? 사우나는 열기를 온몸으로 받다 냉탕으로 뛰어들어 한껏 예민해진 피부 감각으로 현지의 공기를 민감하게 느끼기 위한 연출 장치라고 생각합니다. 그래서 '고린쿄' 건물 옥상 공간을 가나자와 거리를 내려다볼 수 있는 개인 사우나로 바꿨습니다. 고린보 다이와(호쿠리쿠 지방을 대표하는 백화점)에서 가나자와 성터까지, 문화와 자본 그리고 역사와 자연이라는 가나자와의 대조적인 조화가 눈앞에 펼쳐지는 유일무이한 장소입니다.

또한 증류소에서 추출한 방향 증류수를 핀란드식 사우나(뜨거운 돌에 물을 뿌려서 수증기를 발생시켜 빠르게 체감 온도를 높이는 사우나 방식)의 아로마워터로 사용함으로써, 하쿠산 자연의 품에 안겨 있는 듯한 체험을 '처방'했습니다. '고린쿄'의 사우나는 지역의 풍토와 생명의 향기를 맨살로 접할 수 있는 사우나라 할 수 있습니다.

이것만이 아닙니다. 보다 직접적으로 명상 시간을 체류 활동에 넣기 위해 '감각 차단 탱크'라는 명상 장치도 설치했습니다. 외부의 빛과 소리, 피부 감각 등 온갖 자극을 차단하고 격리되면 깊은 명상 상태에 들어갈 수 있습니다. 바닷물보다 높은 비중의 수용액 위에 뜬 상태로 몸을 맡기면 온몸이 중력의 영향에서 해방됩니다. 이는 태아가 자궁 속에서 양수에 떠 있는 감각과 비슷하며, 부유할 때의 뇌파는 명상 숙련자의 의식 상태와 가깝다고 알려져 있습니다.

이 명상 장치는 예전에 미국을 방문했을 때 우연히 알게 되었습니다. 걸쭉한 수용액과 피부의 경계가 모호해지면서 마치 자아가 녹아드는 것 같은, 우주 유영을 하는 듯한 신비로운 감각을 느낄 수 있습니다. 일상에서 벗어나 여행지에서 자신의 내적 감각에 완전히 몸을 맡기는 시간을 보낼 수 있는, 일시적이나마 평안의 땅을 목표로 체류 경험을 설계했습니다.

7장_ 보이지 않는 감각을 담아낸다

보이지 않는 실로 공간과 시간을 짓는다

'고린쿄'라는 유일무이한 숙박 체험을 만들 때, 그 과정에 직감과 그 직감을 연결해주는 실 같은 존재가 있었습니다.

연역적으로 순서에 따라 생각하는 것이 아닙니다. 가나자와는 어떤 장소인가, 고린보는 어떤 장소인가, 신비도는 어떤 장소인가, 호텔이란 무엇인가, 사람은 왜 여행을 하는가, 세상은 어디로 흘러가고 있는가 등, 이러한 질문 하나하나가 사고하는 동안 무의식 아래로 침전하고 발효되어 마침내 문득 과거의 기억과 함께 표면의식으로 떠오릅니다.

'고린쿄'는 다행히 많은 사람의 사랑을 받으면서 높은 평가를 받고 있습니다. 호텔은 지역 문화의 오래된 역사와도 연결되어 천천히 숙성되고 있습니다.

제게 가나자와는 금박, 구타니야키, 가가유젠 등 화려한 전통 공예품의 이미지가 강했습니다. 그러나 실제로 거리를 걸어보고 현지인들의 이야기를 들으니 비가 오는 날이 많아 안개가 엷게 깔린, 마치 베일에 싸인 듯한 지역이라고 느끼게 되었습니다. 그리고 어느 날 문득, 가나자와 전통 공예품의 색이 선명한 이유는 채도가 낮은 거리 풍경에 잘 어울리기 때문이라는 사실을 깨달았습니다.

문화와 풍토는 떨어뜨려 생각할 수 없습니다. 지역 생산품을 지역에서 소비하는 캠페인을 전개하면서 눈에 띄기 쉬운 '문화'만 콜라주하면 지역의 풍토가 희미해집니다. 그렇기에 '고린쿄'는 전통 공예품을 많이 사용하지 않고 사우나와 증류, 명상 등 어찌 보면 이질적인 대상과 조합함으로써 풍토를 강조하는 데 주력하고 있습니다.

'고린쿄'에는 색이 거의 존재하지 않습니다. 예전 모습 그대로 노출한 콘크리트 골격과 파사드의 아치 모티프를 공간 내부에도 도입해 연속성을 부여한 건축물, 은은하게 빛나는 크래프트 유리 조명과 부드럽게 흔들리는 패브릭, 외국에서 건너온 오래된 빈티지 가구 등에는 저마다 시간이 만들어낸 깊은 매력이 담겨 있습니다.

건축가 나가사카 요시아키와 아트 디렉터 후지타 가코는 빛, 소리, 냄새, 바람 등을 오감으로 느낄 수 있도록, 모호하고 좀처럼 파악하기 어려운 분위기를 형태로 표현해주었습니다.

'고린쿄'는 지역 분위기를 공간에 반영하는 과정에서 오감, 시간, 세계관이 통합되며 크리에이티브 점프를 만들어낸 드문 예라 할 수 있습니다. 실제로 '고린쿄'를 기획하면서 무언가 의문이 들면 무의식 속에서 과거의 기억과 사고가 점차 연결되어 해답으로 이끌어주는 듯한 감각이 느껴졌습니다.

자산을 재정의하는 일, 사회나 지역의 분위기를 파악하는 일, 인사이트를 해독하고 아이디어를 조합하고 추천 포인트

7장_ 보이지 않는 감각을 담아낸다

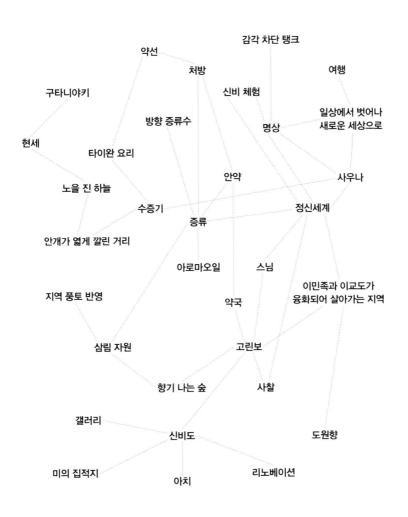

감각 차단 탱크

약선

처방

여행

구타니야키

신비 체험

방향 증류수

일상에서 벗어나
새로운 세상으로

명상

현세

타이완 요리

안약

사우나

노을 진 하늘

수증기

정신세계

증류

안개가 엷게 깔린 거리

아로마오일

스님

지역 풍토 반영

이민족과 이교도가
융화되어 살아가는 지역

약국

삼림 자원

고린보

향기 나는 숲

사찰

갤러리

신비도

도원향

미의 집적지

아치

리노베이션

[무의식 속에서 과거의 기억과 사고가 점차 연결되어 영감과 직관을 낳는다]

를 만들어내는 일 하나하나가 따로따로 자기 목소리를 내면 뜻을 이룰 수 없습니다. 서로가 의미에 의해 연결되고, 부드럽게 이어져 마침내 하나로 섞일 때까지 사고를 발효시키는 것이 중요합니다.

많은 사람이 "크리에이티브에는 정답이 없다"라고 말합니다. 하지만 저는 그렇게 생각하지 않습니다. 그것은 누군가에 의해 정해진 정답이 아닙니다. 사회적 평가나 비즈니스적 수치도 아닙니다. 의문에서 도출된 모든 요소가 유의미하게 해결되는 순간이 있으며, 적어도 자기 자신만은 그것이 정답임을 확신할 수 있습니다.

시간을 들여 의문과 마주하는 동안 마치 배양 실험처럼 곰팡이실이 자라나 연결된 작은 세계가 탄생합니다. 그것이야말로 크리에이티브한 작업의 묘미입니다.

7장_ 보이지 않는 감각을 담아낸다

자기다움이 모여

만드는 세상

세상을

3mm 더

재미있게

선택이 정체성을 만든다

지금까지 크리에이티브 점프란 무엇이며 어떻게 이루어지는지 '본질의 발굴', '분위기의 언어화', '인사이트 파고들기', '이질적인 대상과의 결합', '추천 포인트 디자인'이라는 5가지 요소를 통해 살펴보았습니다. 또한 이들을 통합해 오감, 시간, 세계관이라는 감각적 요소를 어떻게 구현할 수 있는지에 대해서도 알아보았습니다.

비연속적인 비약을 가져다주는 크리에이티브 점프는 문제 해결을 위한 강력한 기술이며, 막막한 상황에서 숨구멍을 틔워주는 돌파구입니다. 그렇게 만들어진 사업은 새로운 사회적 선택지를 늘려줍니다.

저는 저희 회사가 호텔을 만드는 팀이라고 생각하지 않습니다. 호텔이라는 미디어를 통해 인생의 선택지를 확장하는 팀이라고 생각합니다.

인생은 선택의 축적으로 이루어져 있습니다. 옷을 예로 들어볼까요? 옷은 단순히 몸을 가리고 체온을 조절하기 위한 기능만으로 선택하지 않습니다. '이 옷이 오늘 내 기분과 잘 맞으니까', '브랜드 세계관이 좋아서', '실루엣이 외모나 체형을 돋보이게 해주니까' 등 자신을 표현하는 수단으로도 활용되죠.

진학, 취업, 교제 등 인생의 전환점을 만드는 선택은 그 사람의 삶에 큰 영향을 미칩니다. 이런 중대한 선택만 그럴까요? 그와 마찬가지로 또는 그 이상으로 '어떤 음악으로 하루를 시작할지', '점심에 무엇을 먹을지', '이번 봄에는 어떤 브랜드의 옷을 살지' 등 사소한 선택 하나하나는 잠재의식 속 우선순위와 기호성을 드러내 그 사람의 정체성을 조금씩 구체화합니다. 이렇게 볼 때 선택지가 다양한 사회란, 나라는 인간의 실루엣에 딱 들어맞는 생활 방식을 실현하기가 한결 쉬운 사회입니다.

사람은 선택을 거듭함으로써 정체성을 만들어나갑니다. 정체성은 처음부터 가지고 태어나는 것도, 혼자 힘으로 완성할 수 있는 것도 아닙니다. 주체적인 의사결정을 통해 타인이나 사회와의 경계를 구축하는 과정에서 키워가는 것에 가깝습니다.

그러나 이처럼 물질과 정보가 범람하는 현대 사회에서도 선택지가 극단적으로 제한되어 있거나 애초에 선택지가 없어 내 생활 방식이나 심리 상태에 맞지 않는 것을 할 수 없이 선택해야 하는 상황이 존재합니다. 거꾸로 정보가 너무 많아 선택하기 힘들다는 함정도 있습니다. 이런 세상에서 제 역할은 다음과 같다고 생각합니다.

　　　　　　　　　8장_ 자기다움이 모여 만드는 세상

- 선택지가 없는 교착 상황에서는 새로운 선택지가 만들어지는 계기를.
- 선택지가 넘치는 상황에서는 가장 자기다운 선택을 할 수 있는 플랫폼을.

　자신을 둘러싼 세상을 3mm만 더 재미있게 만들면 좋겠습니다. 세상을 재미있게 만드는 사업을 하라고 해서 거창하게 생각할 필요는 없습니다. 아직 경험하지 못한 새로운 무언가를 창조하려고 할 때는 어떤 분야라도 도저히 손쓸 방법이 없다고 느껴지는 순간이 분명 찾아옵니다. 난제를 안고 있다면 더욱 그러할 것입니다. 하지만 밤에 잠들기 전에 '조금 더 기다려지는 내일이 될 수 있도록, 내일은 더 많이 웃을 수 있도록 세상을 3mm 더 재미있게 만드는 일을 하자'라고 생각하면 마음이 조금 가벼워지지 않을까요?

　저는 세상의 많은 훌륭한 경영자들에게 한참 미치지 못하지만, 10개 이상의 크고 작은 사업을 실제로 만들고 키워온 경험을 바탕으로 이렇게 믿고 있습니다. 가지지 못한 사람이라도 '나를 기점'으로 하는 세상을 아주 조금, 하지만 확실히 바꿀 수 있는 작은 대처가 바로 최강의 대처라고 말입니다.

가장 개인적인 것이 가장 창의적이다

단순하게 정리하면 사업을 창출한다는 건 시장을 만들어낸 다는 것입니다. 그리고 시장을 만들어낸다는 건 바로 사람들 이 돈을 지불하고 싶어 하는 대상을 이해하는 것입니다. 다시 말해 '돈을 지불하고 싶다'고 생각이 드는 상황을 발견하고, 그것을 실현하는 것이 사업 창출의 본질입니다.

어떻게 하면 그 핵심을 정확하게 꿰뚫을 수 있을까요? 그 해답은 다른 누군가가 아닌 자신의 마음속에 존재합니다. 저 는 서비스에 대해 생각할 때 가상의 대상을 상정하지 않습니 다. 저 스스로가 일상에서 느낀 작은 '갈증'을 단서로, 제가 정말로 원하는 것과 느끼는 것을 추구합니다.

'그렇게 계속 주변을 살피고 살면 사회에 불만이 커져 피 곤할 것 같아'라고 생각할 수도 있습니다. 하지만 절대 그렇 지 않습니다. 갈증을 느끼면 능동적으로 물을 찾아 자기 힘으 로 목을 축일 수 있죠. 위화감을 발견한다는 것은 해결을 위 한 조짐을 발견한다는 것과 같은 뜻이며, 스스로 문제를 해결 할 절호의 기회를 만드는 행위입니다.

경영학자 미즈코시 고스케가 제창한 '본질 직관'이라는 사 고법이 있습니다. 이는 경영학과 철학을 융합한 듯한 사고법 으로, 자기 안에서 만들어진 확신이나 위화감과 철저히 마주

할 때 비로소 새로운 것이 만들어진다는 이론입니다. 저는 이 사고법을 접했을 때 '바로 이거다!' 하고 쾌재를 불렀습니다.

시장조사를 하고 고객을 깊이 이해하는 일은 무척이나 중요합니다. 그러나 '고객 안에 답이 있다'라는 자세에만 머물러 있는 한, 조사는 대부분 헛수고로 끝나버립니다. 저는 어떤 정보를 접했을 때 본인 스스로 놀라움을 느끼고 그것을 계기로 다시 생각해보는 것, 다시 말해 자기 자신의 직관과 주관을 마주하는 작업의 중요성을 깨달았습니다. 고객의 인사이트를 찾는 것은 매우 중요하지만, 이를 바탕으로 '내가 진정으로 마음 설레는 기획은 무엇인가?', '내가 당장이라도 돈을 지불하고 싶은 서비스는 무엇인가?'라는 질문을 통해 자기 자신의 인사이트를 찾아낼 필요가 있습니다.

저는 지금까지 일관되게 저 자신을 위한 호텔을 만들어왔습니다. 호텔 프로듀서로서 스스로 만족할 수 있는 호텔을 만들었다는 의미가 아닙니다. 저는 한 사람의 여행자로서 제가 정말 필요하다고 느끼고, 진심으로 묵고 싶다고 생각하는 호텔을 만들어왔습니다.

영화감독 마틴 스코세이지는 "가장 개인적인 것이 가장 창의적이다"라고 말했습니다. 저는 그의 말대로 '나 자신을 위해 사업과 서비스를 만든다'라는 자세를 소중히 여깁니다. 이는 나 또한 한 사람의 소비자로서 '돈을 지불하고 싶은' 대상에 전념한다는 다짐이기도 합니다.

반대로 그렇지 않은 대상으로 손을 뻗치면, 'Z세대는 이런 것을 좋아한다고 하니, 이렇게 하면 효과가 있을 것이다'처럼 가공의 페르소나를 떠올리게 됩니다. 어떠한 미디어에서 한 말을 그대로 받아쓰기한, 모호한 인물상을 바탕으로 만든 감각은 아무리 열심히 숨기려 해도 그 안에 묻어나는 오만한 대상화를 감출 수 없습니다.

'사회적 과제'라는 과제는 없다

최근 들어 사회적 기업에 대한 관심이 커지면서 사회적 기업가도 주목받고 있습니다. 높은 사명을 갖고, 자본주의 경제의 모순에 고통받는 이들에게 손 내미는 사업을 추구하는 것은 매우 고귀한 일입니다. 그런데 '사회적 과제를 해결하는 이타적인 서비스를 만들자'라는 사고방식에는 함정도 존재한다고 생각합니다.

우선 '사회적 과제'라는 개념 자체가 너무나 방대하고 모호해 그 필터를 통해 건너편을 바라보면 해상도가 떨어질 때가 있습니다.

저는 '사회적 과제'라는 과제는 존재하지 않는다고 생각합니다. 속성, 나이 등으로 구분한 '평균적인 누군가'의 과제라는 건 존재하지 않습니다. 진정한 사회적 과제는 모두 개인적

8장_ 자기다움이 모여 만드는 세상

인 과제의 집합체에 불과합니다. 설령 사회적 구조에서 비롯한 문제라 해도 결국에는 각자의 개인적인 문제로 귀결됩니다. 그렇기에 자신이 원하는 대상에 이기적일 정도로 몰두해도 괜찮다고 생각합니다. 그 결과물이 궁극적으로 나와 같은 과제로 고민하는 많은 사람에게도 좋은 해결책이 될 수 있다고 믿기 때문입니다.

다른 사람이 겪는 생활의 어려움에 대해 생각하기 전에, 우선 자신이 겪고 있는 생활의 어려움을 정확히 파악하고 자신에게 더 나은 선택지를 만드는 것이 좋습니다. 이것은 결과적으로 같은 감각을 공유하는 다른 사람들에게도 새로운 선택지가 됩니다. 철저하게 이기적이고, 주관적이고, 자신을 위하는 일을 할 때 결과적으로 사회의 행복에 이바지하는, '이기가 이타로 변하는' 크리에이티브 점프가 일어납니다.

그렇지 않고 내가 아닌 누군가를 이해하고, 그 사람이 원하는 것을 완벽한 형태로 제공하기란 결코 쉬운 일이 아닙니다. 사람은 저마다 다른 환경에서 자라고, 다른 경험을 하고, 다른 인간관계 속에서 생활을 영위하고 있기 때문입니다.

하지만 다른 한편으로는 같은 시대를 살아가는 사람들의 '구성 요소'는 매우 비슷합니다. 예를 들어 지금 이 책을 읽고 있는 분들 중에 저와 같은 세대가 있다면, '구성 요소'가 80% 정도는 겹치지 않을까요? 같은 나라에서 성장하고, 같은 언어를 구사하고, 비슷한 콘텐츠를 접하며 감성을 키워왔기에 감각, 가치관 등 공통점이 많을 것입니다.

사람들의 가치관과 미의식은 대부분 사회적 경험을 통해 후천적으로 만들어집니다. 개인에게만 적용되는 고유한 감각이나 사고방식을 가지고 있는 경우는 찾아보기 어렵습니다. 그러니 주관적인 갈증을 채우는 해결책이 널리 다른 사람들도 달래주거나 풍요롭게 만들 수 있지 않을까요?

새로운 호텔 플랫폼 '칠른'

저희가 운영하는 숙박 시설을 위한 자체 예약 서비스 '칠른 CHILL'NN'도 다년간의 개인적 갈증이 계기가 되어 만들어진 사업 중 하나입니다.

2017년에 '호텔 쉬 오사카'를 개업하고, 유가와라의 온천료칸을 인계받아 '원고 집필 패키지'를 시작한 지 얼마 되지 않았을 때의 일입니다. 앞서 언급했듯 직접 예약하는 고객을 타깃으로 마케팅을 전환한 후 기대치의 불일치 등 미스매칭이 사라지면서 객단가도 상승하고 고객만족도도 크게 향상되었습니다. 그럼에도 숙박 시설의 인터넷 예약 경로는 저희 힘만으로 해결하기 어려웠습니다. 당시의 예약 시스템은 UI와 UX가 매우 구시대적이어서 이용하기가 상당히 불편했습니다. 직관적인 조작이 불가능한 데다 그곳이 어떤 숙소이고,

8장_ 자기다움이 모여 만드는 세상

어떤 숙박 체험이 가능한지 제대로 소개하지 못하는 인터페이스였죠. 한마디로 정량적인 정보만 늘어놓을 뿐, '호텔이라는 숙박 상품을 매력적으로 소개해 구매 의욕을 높인다'라는 마케팅적 발상이 부족했습니다.

오늘날의 호텔은 인프라적인 '기능의 소비' 대상에서 엔터테인먼트적인 '기호품으로서의 소비' 대상으로 이전하고 있습니다. '호텔 쉬 교토'와 '호텔 쉬 오사카'를 비롯해 각지에서 독자적인 철학과 세계관을 가진 호텔이 등장하면서, 비즈니스호텔과 고급 호텔 두 종류밖에 존재하지 않던 시대는 종언을 고했습니다. 특색 있는 부티크 호텔, 라이프스타일 호텔, 호스텔, 투숙객 하우스, 독채 숙소, 오베르주까지 계속해서 생겨났습니다.

빈방을 내놓으면 자연스럽게 예약이 들어오는 수동적인 예약 시스템은 이미 시대에 뒤처져 있었습니다. 앞으로는 호텔을 숙박 상품으로 이해하고, 고객의 구매 의욕을 자극하는 마케팅적 접근으로 예약을 달성하는 D2C 플랫폼이 필요하다는 생각이 들었습니다. 투숙객은 가격이 아니라 '나다운 선택인지'를 생각하며 호텔을 예약합니다. 그렇기에 건강하고 지속 가능한 호텔을 실현할 수 있는 새로운 플랫폼이 필요했습니다.

그런 저희의 갈증을 해소하기 위해 개발한 것이 호텔 예약 플랫폼 '칠른'입니다. 가격, 입지, 후기 등으로 시설을 정량 평가함으로써 비교 구매를 촉진하는 기존의 예약 사이트와 달리, 숙박 시설 자체의 발신력을 높이는 것이 새 플랫폼의 의도입니다. 칠른은 시설의 철학이나 가치관, 숙박 체험을 성실하게 고객에게 전달함으로써 시설과 투숙객을 연결하고 직접 예약을 촉진하는 서비스입니다.

칠른은 구상부터 오픈까지 2년이라는 긴 시간이 걸렸습니다. 공개 이후에는 코로나19의 영향으로 고전하기도 했고요. 하지만 2024년에는 약 1,000개의 독자적인 철학을 가진 훌륭한 숙박 시설이 이용하는 서비스로 성장했습니다. 그중에는 칠른 덕분에 숙박 사업을 시작할 수 있었다고 말하는 시설도 있습니다.

구상을 시작한 시점에는 저와 같은 문제의식을 느끼는 사람을 거의 만나지 못했습니다. 그렇지만 신기하게도 한 사람의 호텔 경영자로서 업계에 느끼는 위화감, 사업을 이어나가면서 떨쳐버릴 수 없는 문제의식은 결코 저 혼자만의 것이 아니라는 확신이 있었습니다. 내면의 절실한 갈증을 깨닫고 그 갈증을 성실하게 해소하는 작업은 언젠가 같은 갈증을 느끼는 다른 사람들을 치유하고, 마침내 메말랐던 곳에 새로운 생태계를 만들어낸다는 것을 실감할 수 있었던 프로젝트였습니다.

미래의 자신을 구할 수 있는 것은 현재의 자신뿐이다

자기 자신의 인사이트를 파고들다 보면, 때때로 현재 진행 중인 과제는 물론이고 미래의 자신이 직면하게 될 과제를 미리 해결하기도 합니다. 그렇게 만들어진 프로젝트가 '산후조리'에 특화한 산후조리 리조트 '호텔 카후네 HOTEL CAFUNE'입니다.

산후조리는 아이를 출산한 여성이나 그 가족을 신체적·정신적으로 지원하는 활동을 가리킵니다. 아이를 낳은 여성은 10개월이라는 임신 기간 동안 신체적 부담과 호르몬 균형의 변화를 겪고, 출산에 따른 신체적 충격도 큰 상태입니다. 그런 와중에 숨 돌릴 틈 없이 2시간마다 기저귀를 갈고, 3시간마다 수유를 하면서 24시간 내내 제대로 잠들 수 없는 생활이 시작됩니다. 특히 첫 출산은 지식도, 경험도 없는 상태에서 어림짐작으로 육아를 해야 하기 때문에 배우자가 있어도 정신적인 부담이 큽니다. 게다가 집안일과 육아의 분업, 친정이나 시댁과의 관계 등 지금까지 부부만 함께했던 생활과 비교하면 생활 난이도가 현격히 올라가 전혀 다른 세계가 펼쳐집니다.

그렇게 중요한 시기에 전문적인 돌봄과 육아 및 가사 지원을 통해 신체적·정신적으로 도움을 주는 것이 산후조리 서비스입니다. 그 어느 나라보다 일찍 이러한 서비스를 시작한 한국에서는 이미 높은 보급률을 자랑하고 있습니다. 현재 한국에서는 출산 경험이 있는 여성의 75%가 산후조리원을 이용한 것으로 알려져 있습니다. 한국의 평균 소득과 비교했을 때 결코 저렴한 가격은 아니지만 2~4주간 이용하는 것이 일반적이며, 시설 수는 한국 전역에 약 700개, 시장 규모는 2,000억 엔에 달한다고 합니다. 한국뿐 아니라 타이완과 중국도 도시 지역은 보급률이 매우 높아 현지인에 따르면 산후조리원을 이용하지 않았다는 사실이 알려지면 "대체 시댁은 뭘 하는 거야?"라고 흉을 볼 정도라고 하더군요.

그러나 일본의 경우, 보급률은커녕 인지도조차 매우 낮습니다. 저희가 사업 구상을 시작한 2019년 당시 일본에는 민간 산후조리 시설이 거의 없었습니다. 산후 기간 동안 부모님의 도움을 받거나 혼자 아등바등 버티는 것이 일반적이었죠. 부모님이 일을 하거나 고령으로 돌봄이 필요한 상태라면 도움을 받기 어렵습니다. 어떻게든 자력으로 버티는 것 역시 쉽지 않고요.

출산 후 몸조리도 제대로 하지 못한 채 경험도 없는 육아를 하게 되면 산후우울증이나 부부간 불화 같은 심각한 문제가 발생할 수도 있습니다. 이때의 섭섭함은 평생 간다고들 하죠. 통계에 따르면 싱글맘 중 30%는 자녀가 2세 이하일 때 이혼을 했다고 합니다. 실제로 산후 부부관계의 갈등이 인생의 분기점이 되기도 합니다.

저는 현재 결혼을 하지 않았지만 아이를 낳을 생각은 있습니다. 그런데 현실적인 상황을 고려하면 회사 경영과 육아 모두를 제대로 해내는 모습이 전혀 그려지지 않습니다. 부모님에게 완전히 의지하기도 어렵고요.

이처럼 기존의 모든 선택지가 마음에 들지 않는 교착 상태에서, 아직 육아 부담이 없는 지금부터 저 자신이 적극적으로 선택하고 싶은 새로운 대안을 마련하고 싶다는 생각을 갖게 되었습니다. '일본에도 산후조리 시설이 보급되어야 한다. 그리고 호텔이라는 자산으로 그것을 실현할 수 있다'라는 출발점에서 호텔 공간을 활용한 산후조리 시설이라는 구상이 탄생했습니다.

사업 개발을 시작한 2021년은 코로나19의 영향으로 도쿄의 호텔 가동률이 일제히 떨어진 상태였습니다. 이에 도심으로부터의 접근성이 좋고 조망도 좋은 다마가와 강변의 시티호텔과 논의해 일부 층의 임대차 계약을 체결했습니다. 그리고 2022년 조산사와 보육사, 베이비시터를 고용해 전문가가 24시간 육아와 돌봄 서비스를 제공하며 '패밀리 허니문'을 축복하는 산후조리 리조트 '호텔 카후네'를 오픈했습니다.

당시에는 국내에 전례가 거의 없어 과연 시장이 존재할지 불안한 마음이 있었습니다. 하지만 산후조리 리조트가 문을 열었다는 소식이 퍼지자 순식간에 예약이 밀려들어 만실이 이어지는 날이 계속됐습니다. 하루 5번의 식사, 24시간 육아, 미용 케어, 워크숍 등이 포함된 요금(1박에 약 45만 원)은 결코 저렴하지 않았지만, 그럼에도 많은 사람이 2주 가까이 머무르며 편안한 시간을 보냈습니다.

체크인할 때는 출산과 육아 피로로 안색이 좋지 않았던 산모와 가족들이 얼마 지나지 않아 미소를 되찾곤 합니다. 그들은 체크아웃할 때 "이제 아이가 귀엽게 느껴져요", "이곳에 와서 정말 구원받았어요"라고 말하기도 했습니다. 그들을 보며 저는 산후조리 리조트를 운영하는 의미와 책임을 절감했습니다.

다른 누군가가 아니라 자기 자신에게 절실히 필요한 선택지를, 한 사람의 소비자로서 자신의 높은 기대를 충족하는 수준으로 만들어내는 것이야말로 가장 성실한 사업의 모습임을 다시 한번 느낄 수 있었습니다.

평행세계의 자신을 구하는 사업 개발

산후조리 리조트를 운영하면서 제 마음을 괴롭히는 한 가지 고민거리가 있었습니다. 산모와 신생아의 안전과 건강을 책임지고 있는 이상, 안전을 위해 의료적 보살핌이 필요한 분들은 아무래도 모시기가 어려웠습니다. 고객 모두에게 안정된 품질의 서비스를 제공할 책무가 있었기에 어쩔 수 없는 선택이었습니다. 하지만 '의료적 보살핌이 필요한 분들이나 그 가족이야말로 여행이나 호텔 숙박 등 일상에서 벗어나는 시간이 필요하지 않을까' 하는 생각이 끊임없이 머릿속을 맴돌았습니다.

모든 호텔은 '남녀노소 모두가 즐길 수 있는 곳'이라는 표면적 방침하에 질리지 않는 인테리어와 무난한 서비스 등 표준적 가치를 제공합니다. 하지만 '호텔이라는 공간은 본질적으로는 극히 제한된 사람들, 다시 말해 건강하고 시간과 경제적 여유가 있는 사람들에게만 열려 있는 공간이 아닐까?' 하는 생각이 들었습니다. 의료적 보살핌이 필요한 사람, 장애가 있는 사람과 그 가족들이 안심하고 호텔에 머물기에는 걸림돌이 여전히 너무 많습니다.

지금의 저는 체력도 있고 사지도 멀쩡해 어디든 갈 수 있습니다. 하지만 언젠가는 먼 곳으로 여행을 떠나기 어려워질 수도 있고, 저는 물론이고 가까운 사람이 사고나 질병으로 이동의 자유를 잃을지도 모릅니다. 미래의 가족에게 의료적 보살핌이 필요한 질환이 있을 가능성도 있죠. 그런 상황에서 업무, 집안일, 육아, 돌봄, 간호, 치료 등 자신을 둘러싼 일상에서 벗어나고 싶은 마음이 간절한데 그 어디에도 갈 수 없다면 일상에 질식해 절망하는 순간이 찾아올지도 모릅니다.

우주 저편 평행세계에서 힘들어할지도 모르는 저를 이쪽 세계에서 아직 여유로운 날을 보내고 있는 제가 구해주고 싶었습니다. 그런 생각에 건강한 사람은 물론이고, 장애와 질환이 있는 사람들도 편히 묵을 수 있는 '인클루시브 리조트 Inclusive Resort'를 구상했습니다.

때마침 알고 지내던 치과의사를 통해 연하곤란에 대해 알게 되었습니다. 연하곤란이란 음식물을 씹거나 삼키는 데 어려움을 겪는 증상으로, 일본에만 100만 명 이상이 이 질환에 고통받고 있습니다. 개인차가 있기는 하지만 기본적으로 걸쭉한 음식물이 아니면 삼킬 수 없어 일반적인 식사가 불가능합니다. 그래서 좀처럼 외식을 하기 어렵죠. 그러다 보니 지인과의 식사 모임은 물론이고 차를 마시거나 술자리를 갖기 어려워 사회로부터 고립되기 쉽다고 합니다. 저는 '음식의 장벽을 제거하면 더 많은 사람이 호텔을 편하게 이용할 수 있지 않을까?'라는 생각을 했고, '부드러운 여행사'라는 프로젝트를 시작했습니다. 연하곤란 재활치료 전문의, 치과의사 그리고 연하식 전문가와 손을 잡고 개개인의 증상에 맞춰 맞춤형 연하식을 준비했습니다.

'부드러운 여행사'는 저희 회사가 추구하는 인클루시브 리조트 구상의 발판으로, 가나자와의 '고린쿄'에서 처음으로 시행되었습니다. 연하곤란으로 고민하는 분들에게 큰 호평을 받았고, 미디어와 의료기관의 주목을 받고 있습니다. 저는 이러한 프로젝트들을 현재의 자신은 물론이고, 미래의 자신에게 또 하나의 선택지를 제공하면서 새로운 시장을 개척하는 기회로 삼고 있습니다.

'의문'을 검증하는 4가지 관점

- 연로하거나 장애가 있어도 아무 걱정 없이 편하게 여행하려면 무엇이 필요할까?
- 아이를 낳은 뒤 홀로 힘들어하지 않으려면 어떻게 해야 할까?
- 성심성의껏 운영하고 있는 호텔을 고객에게 알리려면 어떻게 해야 할까?
- 비수기에도 호텔에 사람이 찾아오게 하려면 어떻게 해야 할까?
- 고객이 객실 문을 열었을 때 실망하지 않는 호텔을 만들려면 어떻게 해야 할까?

이러한 '의문'은 지극히 개인적인 것처럼 보일지도 모릅니다. 하지만 이러한 의문, 다시 말해 '문제'를 해결하면 자기 자신뿐 아니라 같은 감각을 공유하는 사람들이 느끼는 문제까지 단번에 해결할 수 있습니다. 즉 자기 자신의 문제를 해결하는 것은 사업이나 기획의 훌륭한 동력이 됩니다.

그렇다면 어중간한 자기만족에 그치지 않도록 크리에이티브 점프의 정밀도를 높이려면 어떻게 해야 할까요? 다음 4가지 관점을 통해 검증함으로써 그 해답을 얻을 수 있습니다.

> ① **소비자의 눈**: 소비자 관점에서 세상을 바라볼 때 느끼는 의문을 해결할 수 있는가? 생활에서 느끼는 사소한 위화감, 이랬으면 좋겠다는 소망 등.
>
> ② **경영자의 눈**: 사업을 운영하는 입장에서 볼 때 현실적인 문제 해결인가? 호텔 사업자를 예로 들면 객단가 올리기, 가동률 높이기, 고정비 줄이기, 직원 만족도 올리기 등.
>
> ③ **미디어의 눈**: 미디어(대중 매체뿐 아니라 콘텐츠를 올리는 이용자 한 사람 한 사람)가 봤을 때 화제로 삼고 싶은 커뮤니케이션의 출발점인가?
>
> ④ **신의 눈**: 시장 전체, 업계 전체 또는 사회 전체에 유익한 문제 해결인가?

소비자의 눈으로 발견한 과제를 해결할 수 있는 아이디어라 해도 경영자의 과제를 해결할 수 없다면(경영자의 부담이 증가하는 아이디어라면) 사업을 지속성 있게 유지할 수 없습니다. 소비자와 경영자의 과제는 충족하지만 사람들이 화제로

[크리에이티브 점프의 정밀도를 높이는 4가지 관점]

삼을 만한 대상이 아니라면 사회로 확산되지 않습니다. 만약 그것이 돈은 벌 수 있지만 다른 해로운 문제를 만들어낸다면 사회 전체에 이익이 되지 않습니다.

소비자, 경영자, 미디어, 신.

이 4가지 전혀 다른 관점에서 바라보았을 때, 각 관점이 가지고 있는 과제를 일도양단하는 아이디어야말로 훌륭한 크리에이티브 점프입니다.

유토피아는 사람의 손으로 만든다

지금까지 저희가 만들어온 사업은 얼굴이 보이지 않는 누군가를 위한 것이 아닙니다. 저희는 마음이 설레 다가오는 내일을 조금 더 기대할 수 있는, 지루하고 흔해 빠진 세상이 조금은 빛나 보일 수 있는 제품과 서비스를 만들고 싶었습니다. 그리고 세상에 저희와 같은 감각을 가진 사람이 있다면 함께 나누길 바랐습니다.

《도화원기》를 저술한 도연명은 도원향이 '이 세상에는 존재하지 않는, 온 세상을 찾아다녀도 찾을 수 없는 곳'이라고 생각했습니다. 그리고 자기 자신의 심상 풍경에 존재하는 이상향의 모습을 사랑하면서 심상의 세계를 자유롭게 날아다니는 것이야말로 정신적 위안이라고 믿었습니다.

'이상향'이라는 단어가 풍기는 뉘앙스가 왠지 자연 발생적이라면, '유토피아'의 그것은 사람이 의식적으로 만드는 것처럼 느껴집니다. 자연적으로 어딘가에 존재하는 장소가 아니라, 사람이 의도적으로 사회 안에 창조하는 것이라는 뉘앙스를 띠고 있다고 생각합니다.

저희는 지금까지 크고 작은 다양한 사업을 추진해왔습니다. 호텔이 아닌 집에서도 저희가 추구하는 유유자적한 세계관을 즐길 수 있는 의류 브랜드 '보이 미츠 쉬BOY MEETS SHE,',

가나자와 하쿠산 산기슭의 물을 사용해 가나자와의 공장에서 만들어 가나자와에서 소비되는 어메니티 브랜드 페트리코르Petrichor, 전 세계의 훌륭한 스몰 브랜드를 취급하는 백화점이라 할 수 있는 차세대 편집숍 '추즈베이스 시부야 CHOOSEBASE SHIBUYA', 독신 여성이 도심에서 단순하고도 풍요한 삶을 누릴 수 있는 아파트 브랜드 '소코 하우스SOCO HAUS'. 이 모두 '내게 이런 것이 있으면 좋겠다'라고 생각한 것들을 구현한 결과물입니다.

저희 회사는 '호텔×크리에이티브×기술'의 힘으로 사회에 새로운 선택지를 제공하면서, 이 세상을 조금 더 반짝이게 하는 일을 소중하게 여겨왔습니다.

인터넷을 통해 작은 시장에 직접 가치를 전달할 수 있게 된 지금일수록 누구보다도 가장 가까운 소비자인 자기 자신이 만족할 수 있도록 만들어야 합니다. 그것이 돌고 돌아 마침내 비슷한 갈증을 느끼는 사람들의 마음도 채워줄 테니까요. 이것이야말로 건강하고 행복한 이상적인 행동이 아닐까요?

인터넷 사막 위에 떠 있는 신기루 같은 마음속 유토피아, 아직 만나보지 못한 공상 세계로의 비상이 고도로 복잡해진 현실 사회를 움직이는 원동력입니다.

저는 도쿄 변두리에서 태어나, 유년기의 외국 생활을 거쳐,

교토에서 청춘 시절을 보내고, 진학을 위해 도쿄로 상경했다가, 홋카이도의 외딴 시골에서 창업을 했습니다. 여러 도시에서 생활한 경험은 다른 무엇과도 바꿀 수 없는 자산입니다. 하지만 한편으로는 어디를 고향이라 말할 수 있는지, 내 정체성은 어디에 있는지 쉽게 답할 수 없다는 느낌을 계속 가지고 있었습니다.

어찌 보면 이런 이방인이나 관찰자의 관점이 있었기에 그곳의 분위기와 타성에 휩쓸리지 않고 위화감을 간직한 채 사회와 지역의 분위기를 읽어내며 새로운 기준을 제안할 수 있었는지도 모릅니다. 정체성의 확고한 기반이 존재하지 않는다는 불안감은 때때로 거대한 이야기에 귀의하고 싶은 유혹을 불러일으킵니다. 그러나 외부 세계에서 이상향을 찾는다면 기대와 환멸의 무한 반복에서 벗어날 수 없습니다. 그보다는 작은 선택을 쌓아가며 '나'의 모습을 만들어가는 것이 더욱 가치 있지 않을까요?

요즘 세상에는 일상에서 작은 위화감을 느껴도 '다 그렇지 뭐'라며 넘겨버리고 미래에 대한 기대를 포기하는 막연한 무력감이 감돌고 있습니다. 자기 자신이 여행의 주인공이 되어 새로운 무언가를 만들어낼 수 있다고 생각하는 사람을 찾아보기 힘듭니다.

아주 작은 선택을 쌓아감으로써 다른 누구도 아닌 '나다움'을 손에 넣고, 유일무이한 개인으로 살아갈 수 있습니다. 마음에 드는 환경이 없을 때 세상과의 감각적 차이를 한탄할 필요도, 포기할 필요도 없습니다. 자신의 갈증을 꾸준히 마주하다 보면 같은 갈증을 느끼는 사람과 연결될 수도 있습니다. 그렇게 시장이 만들어지고, 사업이 만들어집니다. 꿈에 그리던 작은 유토피아를 만들 수 있을지도 모르죠.

사회의 주류를 거스르고, 일상의 사소한 순간을 파고드는 위화감을 꼼꼼히 파악하며 자신이 진정으로 원하는 선택지를 만들어갑시다. 자기 자신의 갈증을 달래기 위한 노력은 돌고 돌아 다른 누군가의 갈증을 풀어줄 것입니다.

여행의 주인공은 여러분 자신입니다. 지루한 일상이 아주 조금 반짝일 수 있도록 이 세상을 3mm 더 재미있게 바꾸는 일들을 해보기 바랍니다. 저는 그런 작은 도전의 반복이 머지않아 세상을 갈증에서 구원해줄 것이라 믿습니다.

사진: 오모리 메구미

레코드가 있는 일상을 경험하다.
'호텔 쉬 교토'
(사진: 노부하라 유키)

호텔은 미디어다

시샤(물담배)가 있는
숙박 체험

아이스크림 가게를 즐길 수 있는
'호텔 쉬 교토' (사진: 노부하라 유키)

산불 피해를 입은 호주를 지원하기 위한
'보이 미츠 쉬' 자선 기획

인더스트리얼 섹시: '호텔 쉬 오사카' 키비주얼
(모델: 루코, 사진: 노부하라 유키)

분위기를 언어화한다

(사진: 이오리 가이)

땅끝에 자리한 여행의 오아시스: '호텔 쉬 교토' 키비주얼
(일러스트: 나오 다쓰미)

수증기에 둘러싸인 유토피아: 소운쿄에서 영감을 얻은
'동양의학의 요양 리트리트' 플랜의 캐치 카피

'잠자는 극장' 일본 초연
(일러스트: 오모모 요스케)

이질적인 대상과 결합한다

'잠자는 극장' 일본 초연
(사진: 노부하라 유키)

동네 목욕탕과 컬래버레이션한 '호텔 쉬 교토'의
숙박 플랜 '쉬~러브즈 유(シ~ラブズ湯)'
목욕물을 뜻하는 일본어 '유(湯)'를 이용한 언어유희
(모델: 로만카쿠메이, 사진: 가나이쓰카 유키)

호텔을 클럽화한 이벤트
'헤이세이 라스트 서머'
(모델: 루코, 사진: 노부하라 유키)

인사이트를 파고든다

유가와라 료칸의 기사회생책이 된 '원고 집필 패키지'의 키비주얼
(모델: 야마모토 나이루, 사진: 노부하라 유키)

싱어송라이터 '시럽'과 함께한
컬래버레이션 기획 '호텔 큐어'

이색 컬래버레이션
'시의 호텔'
(사진: 노부하라 유키)

유가와라 료칸의 안내문

입구에 들어서면 반겨주는 거대한 증류기 (사진: 니시타니 구미)

오감·시간·세계관 연출,
가나자와 고린쿄

고린보가 내려다보이는 객실
(사진: 니시타니 구미)

지역의 정기를 고스란히 담아낸 아로마워터 처방
(사진: 니시타니 구미)

'고린쿄'의 키비주얼
(일러스트: 헤리엇 리메리언,
로고와 붓글씨: 데라시마 교스이)

아치가 아름다운 신비도 빌딩 (사진: 가와타 히로키)

일본 전통 도자기 구타니야키로 제작한
고린쿄 오리지널 우키요 시리즈
(사진: 니시타니 구미)

창가에서 바깥세상을 느끼는 목욕 체험
(사진: 니시타니 구미)

금목서의 꽃으로 만든 계화차
(사진: 니시타니 구미)

지역의 풍토를 온전히 느낄 수 있는 옥상 풀
(사진: 니시타니 구미)

동양의학의 사상을 접목한 타이완 요리
(사진: 니시타니 구미)

숙박 시설을 위한 새로운 자체 예약 서비스 '칠룬'
(사진: 노부하라 유키)

세상을 3mm 더 재미있게

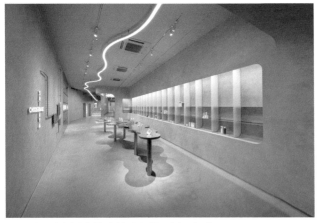
시부야 세이부 백화점에 위치한 차세대 편집숍 '추즈베이스 시부야'
(ⓒ 주식회사 소고세이부)

산후조리 리조트 '호텔 카후네' (사진: 노부하라 유키)

연하곤란에 대응한 숙박 플랜 '부드러운 여행사'

가나자와에서 생산하고 소비하는
어메니티 브랜드 '페트리코르'
(사진: 노부하라 유키)

산후조리 리조트 '호텔 카후네'
　(사진: 에이치 다노)

마치며

인생의 메마른 여정에 물을 주자

크리에이티브 점프의 생명은 덧없습니다. 그것이 자사의 모습을 바꿀 수 있을 정도의 힘으로 가득 차면 세상 사람들이 선망하게 되고, 이윽고 그 전철을 따르는 발걸음이 이어집니다. 크리에이티브 점프는 범용화와의 싸움이라고도 할 수 있습니다. 예를 들어 50년 전에 한 온천 료칸에서 탄생한 '객실 노천탕'이라는 획기적 발상은 지금은 일본 어디에서나 쉽게 찾아볼 수 있습니다.

크리에이티브 점프의 힘으로 새로운 지평 위에 선다는 것은 자신이 개척한 길에 매몰되지 않도록, 모방과 진부화의 파도에 휩쓸리지 않도록 미래를 향해 끊임없이 변화해야 하는 숙명을 짊어지는 일이기도 합니다. 하지만 그래도 괜찮습니다. 저는 끊임없는 도태의 압박에 노출된 채 계속 변화를 만들어내는 삶의 방식을 선택할 뿐입니다. 콘텍스트 디자이너

와타나베 코타로의 말처럼 오독誤讀과 오배포誤配가 문화를 풍요롭게 만든다면*, 그것이 분명 세상을 발전시키는 힘이 되어 선택의 다양성이 넘치는 사회로 가는 지름길이 될 것이라 믿습니다.

이 공간을 빌려 이 책이 세상에 나올 수 있도록 도움을 주신 분들께 감사의 인사를 드리고자 합니다. 분게슌슈 출판사의 야마모토 히로키는 제가 집필에 몰두할 수 있도록 많은 시간과 노력을 할애해주었습니다. 구성작가 히비노 교조는 수십 시간에 이르는 저의 방대한 이야기를 끈기 있게 들어주고, 책이 뼈대를 이루는 구성을 만들어주었습니다. 디자이너 후루야 이쿠미는 책의 분위기를 정성스럽게 파악해 많은 사람에게 어필할 수 있는 결과물을 만들어주었습니다. 문필가 시오타니 마이는 본인의 담당 편집자 야마모토를 소개해주었을 뿐 아니라, 첫 출판에 관한 상담에 적절히 조언해주

---

*   타크람의 디렉터 와타나베 코타로는 저서 《콘텍스트 디자인》에서 '오독을 두려워하지 않는 것이 중요하다'라고 이야기했다. 예를 들어 스시 문화는 미국으로 건너가 캘리포니아 롤을 탄생시켰다. 큰 문화 흐름에서 보면 캘리포니아의 요리사가 스시 문화를 '오독'함으로써 새로운 문화가 탄생한 것이다. 이런 오독과 오배포가 일어나도 괜찮다는 것이 콘텍스트 디자인의 관점이다.

며 격려를 아끼지 않았습니다. 모두 너무나 감사합니다.

'호텔 쉬 오사카'를 개업하기 전, 스물한 살이었던 제게 크리에이티브란 무엇인지를 알려준 덴츠電通의 오노에 노리아키를 비롯한 '아이디어 학교'의 강사진들, 하쿠호도博報堂의 보베 게이고, 아르헨티나 여행에서 호텔 경영에 대한 귀중한 조언을 아끼지 않았던 호시노 리조트의 호시노 요시하루, 많은 경험을 쌓을 기회를 준 사업가 지바 코타로, 경영과 크리에이티브에 대한 지식을 나누어준 더 브레이크스루 컴퍼니 고 The Breakthrough Company GO의 미우라 다카히로에게도 감사의 마음을 전합니다.

또한 매거진 하우스의 니시다 젠타, 철학자 다니가와 요시히로, 도식 게재를 허락해준 후루카와 겐스케, 이 책의 이야기를 들으며 정리를 도와준 초콜릿CHOCOLATE의 구리바야시 가즈아키, ARCA의 쓰지 아사코, DE의 마키노 게이타, 언제나 크리에이티브의 영감을 주는 후카츠 다카유키와 하라 켄야에게도 깊은 감사의 인사를 전합니다.

그리고 오늘에 이르기까지 함께 회사를 키우며 거친 파도를 헤쳐온 동료들에게도 감사의 인사를 드립니다. '호텔 쉬 교토'의 개업과 동시에 스이세이에 합류해 숱한 감동과 고난의 순간을 함께한 COO 오고모리 료스케, 학창 시절부터 회사 경영을 도와주며 이 책의 집필에도 응원을 보내준 칠른의 공동창업자 겸 대표이사 나가타 료, 이 책의 기획 초기 단계부터 지원을 아끼지 않았던 기획 홍보 담당자 가나이쓰카 유키, 오랫동안 스이세이의 크리에이티브를 뒷받침하며 이 책의 기획에도 참여해준 편집자 쓰노다 타카히로를 비롯한 스이세이 직원 여러분에게 고개 숙여 감사의 마음을 전하고 싶습니다. 여러분이 있었기에 저의 공상에 불과했던 것들이 사회에 뿌리를 내리고 가치를 만들어낼 수 있었습니다.

마지막으로, 회사 경영을 성심성의껏 응원해주신 부모님께도 진심으로 감사의 마음을 전합니다.

류자키 쇼코

크리에이티브 점프
'다움'을 설계하는 법

2025년 1월 28일 초판 1쇄 발행

지은이 류자키 쇼코
옮긴이 김영주

펴낸이 김은경
편집 권정희, 한혜인, 장보연
교정교열 김동화
마케팅 박선영, 김하나
디자인 황주미
경영지원 이연정
펴낸곳 ㈜북스톤
주소 서울특별시 성동구 성수이로7길 30, 2층
대표전화 02-6463-7000
팩스 02-6499-1706
이메일 info@book-stone.co.kr
출판등록 2015년 1월 2일 제 2018-000078호

© 류자키 쇼코
(저작권자와 맺은 특약에 따라 검인을 생략합니다)

ISBN 979-11-93063-77-4 (03320)

북스톤은 세상에 오래 남는 책을 만들고자 합니다. 이에 동참을 원하는 독자 여러분의 아이디어와 원고를 기다리고 있습니다. 책으로 엮기를 원하는 기획이나 원고가 있으신 분은 연락처와 함께 이메일 info@book-stone.co.kr로 보내주세요. 돌에 새기듯, 오래 남는 지혜를 전하는 데 힘쓰겠습니다.